U0864039

大学英语教学的发展与创新研究

邓 娟 著

延邊大學出版社

图书在版编目（CIP）数据

大学英语教学的发展与创新研究 / 邓娟著. -- 延吉：延边大学出版社，2022.3
ISBN 978-7-230-02817-2

Ⅰ. ①大… Ⅱ. ①邓… Ⅲ. ①英语－教学研究－高等学校 Ⅳ. ①H319.3

中国版本图书馆 CIP 数据核字(2022)第 036201 号

大学英语教学的发展与创新研究

著　　者：邓　娟
责任编辑：郭玉玲
封面设计：品集图文
出版发行：延边大学出版社
社　　址：吉林省延吉市公园路 977 号　　邮　　编：133002
网　　址：http://www.ydcbs.com
E-mail：ydcbs@ydcbs.com
电　　话：0433-2732435　　传　　真：0433-2732434
发行部电话：0433-2733056　　传　　真：0433-2732442
印　　刷：北京宝莲鸿图科技有限公司
开　　本：880 mm×1230 mm　1/16
印　　张：9　　字　　数：200 千字
版　　次：2022 年 3 月　第 1 版
印　　次：2022 年 5 月　第 1 次印刷
ISBN 978-7-230-02817-2

定　　价：68.00 元

前　言

随着时代的发展，国家、社会对高水平人才的需求增加，对人才的要求也日益提高。大学英语教学为满足经济全球化背景下社会对英语人才的需求，积极引进网络和多媒体等现代化教学手段，创新教学模式，优化课程结构，完善课程内容，改革课程管理体制及评价考核制度，以实现因材施教、提高学生英语运用能力的目的。此外，基于新课程改革标准，大学英语教学不仅要更具针对性，还要培养学生的自主学习能力和创新能力。

随着经济全球化程度的日益加深，国际间的联系越来越频繁，社会对复合型人才的需求也越来越大，这就要求大学培养出能够熟练使用英语的国际化人才，而大学英语教学在培养英语人才中起着关键作用。为了适应社会发展的需要，大学英语教学一直在改革和创新。

大学英语课程改革和人才的培养是国家和社会经济发展的需要。复合型英语人才既能够学习国外的先进文化，又可以做到文化输出，让我国文化走出去。因此，要明确大学英语的教学目的，并采取与教学目的相适应的教学模式，更好地发挥英语工具性、实用性、交流性的作用，为学生全面发展奠定基础。

目 录

第一章 大学英语教学理论研究与思考

第一节 大学英语教学发展方向

教学贵在得法，如何有效地开展大学英语教学工作，培养高素质的应用型人才，是大学英语教学要解决的问题。下面就从实施分级教学体制的利弊、优化课程设置、创新课堂教学形式三个方面进行分析，探索新时代的大学英语教学途径。

语言教学是一个国家的教育体系中必不可少的组成部分，无论是人与人之间的交流，还是国与国之间的对话，都离不开语言。在经济全球化的今天，英语作为一门世界语言的作用日益凸显。同时，全球对英语人才的需求也与日俱增。因此，当代大学生必须具有良好的英语表达能力，才能符合时代发展的要求。在大学英语教学方面，国家投入了大量的人力、物力和财力，培养学生运用英语进行交际的能力。大学英语教学不仅要培养学生的听、说、读、写等基本语言技能，而且要培养学生运用英语进行跨文化交际的能力。如何有效地开展大学英语教学，培养高素质的应用型人才，是大学英语教师要思考的问题。

一、分级教学的实施

大学英语分级教学的实施，一直以来都饱受争议。很多人认为，分级教学是一种差别对待，会使英语水平低的学生产生自卑心理，不利于学生心理健康发展。分级教学的实施加重了师资队伍的负担，同时也加大了教学管理的难度，因此分级教学在大学英语教学中一直发展缓慢。实际上，大学英语分级教学，是本着因材施教和增强教学效果的原则，根据学生实际英语水平将学生划分为不同等级，进而采取不同的教学方案进行教学活动的一种教学方式。分级教学的最终目的是让学生在各自不同的起点分别进步。这有利于教师开展针对性教学，将教学目标和教学内容设置得更加个性化，从而更加有效地提高学生的英语水平。

（一）大学英语分级教学的优势

我国各地的教育水平并不均衡。地域差异和城乡差异造成大学生入学时英语水平参差不齐。把这些水平不同的学生安排在一个班级内授课，教师难以根据学生的水平和特点因材施教，往往造成水平较高的学生“吃不饱”，水平较低的学生“吃不消”，既打击了水平较低的学生的上进心，又影响了水平较高的学生的进步。显然，这种“一锅粥”式的授课方式，难以产生良好的教学效果。

此外，从认知心理学角度看，人们习得语言的唯一途径就是获得可理解的语言输入。也就是说，如果教师传授的语言知识远远高于或者低于学生的认知水平，就不能进行有效的知识传递。知识只有以最适当的方式输入，才能最好地被学生理解和掌握。在这种混合式的授课体系中，如果教师偏向一部分水平高的学生进行授课，其他学生就无法跟上，从而产生挫败感，失去继续学习的动力。如果教师侧重于水平低的学生，又会使水平高的学生觉得课堂毫无新意、索然无味。孰重孰轻，难以把握。

所以，根据学生英语水平的个体差异进行分级教学，可以使教学具有更强的针对性，有助于学生获得最符合自身需求的知识输入，在原有的认知水平基础上增长知识，获得技能。

（二）大学英语分级教学的瓶颈

在大学实行英语分级教学，普遍存在以下两方面的困难：

第一，在师资储备严重不足的情况下，进行分级教学无疑加重了教师队伍的负担，难以保障教学质量。近年来，许多大学不断加大招生力度，院校师资严重不足。据不完全统计，以每班 50 人计算，很多英语教师每周的授课量在 14～16 节，有的甚至达 20 多节。如此高负荷的工作，已经超出了教师的承受能力。如果再进行分级教学，班级容量变小，那意味着每位教师需要承担更多班级的授课任务，还有可能跨级教学，这无疑使本来就严重不足的师资力量变得更加捉襟见肘。教学工作量的加大、教学负担的加重，必然严重影响教师的教学质量。

第二，分级教学也加大了学校管理的难度，主要体现在学生管理、教学安排、教材征订和学生考试等方面。就学生管理和教学安排而言，分级教学无疑使学生上课时间更加分散和复杂，这就需要更加科学、合理和有效的方法对学生实施管理和监督。此外，既然采用分级教学，教材、考试计划等也必须做出相应的分级配套调整，这也是一个巨大的工程。

分级教学目前还处于探索阶段，需要不断实践、不断摸索和不断完善。同时它也是一个复杂的系统工程，关系到学校管理的各个环节，只有相关部门紧密配合，才能顺利运行。分级教学作为大学英语教学改革中的新事物，还需要广大英语教育工作者继续实践和总结。

二、优化课程设置

一直以来，大学英语作为公共基础课，普遍采用综合课的形式进行授课，综合课是一门集阅读、听力、语法、写作为一体的多技能培养课程，其优点是可以全方位地训练学生的听、说、读、写、译等综合能力，而缺点在于多而不精，每一种技能都训练不到位。教师在授课的过程中，往往因为教学内容和训练技能繁多，导致教学安排顾此失彼，每种技能学生都没有得到充分练习，从而影响教学质量。这种杂糅式的综合课程已不符合时代发展的要求，高等教育着眼于培养高精尖人才，因此按照技能模块设置课程无疑是优化课程体系的一个很好的途径。综合课程可以拆分为四门课程，分别是听力和情景模仿、观点陈述和课堂讨论、英文读写、跨文化教学，在大学的四个学期分别开设。

（一）听力和情景模仿

听力和情景模仿能够训练学生的听说技能，它着重培养学生两方面的能力：一是学生通过听情景对话记录下关键信息进而理解和掌握语篇内容的能力；二是学生根据听到的情景对话，进行口头复述和模拟表演的能力。情景对话应尽量选取生活化、实用的主题内容，让学生充分感受到所学知识是生活中需要的，学以致用，从而大大激发学生的学习兴趣，提高学习效率。

（二）观点陈述和课堂讨论

观点陈述和课堂讨论能够让学生进行有效的课堂展示。大学课堂应该给学生的个人展示创造条件、提供平台。学生针对某一主题在课堂上发表演讲，阐述自己的见解，不仅能锻炼学生的口头表达能力，还能提高学生的综合素质。同时，其他学生认真倾听演讲，并就演讲内容提出问题，大家共同交流与讨论，学生在这种自由热烈的课堂氛围中大胆阐述自己的观点，积极融入，从而极大地提高口语交际能力。教师在主题内容的选取上必须多下功夫，精心设计，最好选择时下贴近学生生活的热点问题，这样才能激发学生参与讨论的兴趣，创造学习的动力，让学生在交流体验中激发语言表达的潜能。

（三）英文读写

英文读写可以帮助学生训练读写技能，其目的是使学生通过大量阅读英语语篇，理解和掌握中等难度的一般题材的英文资料或通用的实用文字材料，同时能借助词典完成一般性题材和对外交往中实用文体的撰写和翻译工作。在这门课程实施教学的过程中，教学方式和教学手段很重要。教师要勇于创新，不应拘泥于对语篇字、词、句的讲解，一味地向学生灌输写作技巧和写作规范，而应该采取小组作业和研讨的教学模式，激发学生的学习热情。

以阅读环节为例，教师可以将三名学生分为一组，共同完成文章的阅读理解任务。三人分工如下：第一个人首先朗读一个自然段，第二个人提出问题（可以是字词理解的问题，也可以是语篇内容的问题），第三个人回答问题。下一个自然段学生交换角色，第二个人朗读文章，第三个人提问，第一个人回答问题，以此类推。学生在朗读、倾听、发问和回答的多次循环中，对文章的理解逐步加深，进而完全掌握语篇的中心思想和文体结构。同理，这种小组作业的运作模式也可以使背诵单词变得不那么枯燥乏味。教师可以将两名学生分为一个小组，一个人读单词，另外一个人说中文意思，下一轮角色互换。学生在这种你来我往的互动模式下自主学习、积极探索，充分发挥自主性和创造性。

（四）跨文化教学

语言和文化是一个有机整体。大学英语课程除了对大学生进行语言教学外，还要让学生了解文化。学生只有了解语言的文化内涵才能感受到语言的魅力，从而激发学习热情。跨文化教学这门课程的开设，目的就是使学生通过了解英语国家的文化，培养跨文化意识，克服跨文化障碍，最终取得跨文化交际的成功。因此，大学英语教学绝不应只停留在听、说、读、写等基本技能的培养上，而应以交际能力的培养为目标，不仅传授语言知识，还要传播文化理念。随着社会的不断发展，国家需要面向世界，同时对对外交流人才的需求也会越来越大，这就要求大学英语教学重视跨文化教学。

三、创新课堂教学模式

中国的大学英语教学经过了十余年的改革和发展，早已跳出了单一的固有模式。新时代对英语教学提出了新要求，新时代的大学生对大学英语的教学方式也有了新期待。教师应该根据学生的个体差异，设计出个性化的课堂，培养学生的自主学习能力，提高学生的创新思维。研讨式教学和浸入式教学是鼓励学生进行独立思考和自主探究的新教学形式，在鼓励学生充分发挥自己的优势和特长的同时，力求为学生创造一种自由平等的学习环境和生机勃勃的学习氛围。

（一）研讨式教学

研讨式教学是一种在系列问题引导下，在大量阅读基础上，由教师主导的以生生讨论和师生讨论为主要教学推进手段的教学模式。研讨式教学是教学范式的重大变化，即由过去的讲授式变为讲授、讨论二元结构模式，它促使文科教学向学生自主学习的方向发展。这种教学方式能促使学生花更多的时间在自主研究和参与活动、发现问题和解决问题上。研讨式教学的课堂不仅仅是传授知识的场所，更是师生互相交流启发、碰撞思想、解决问题的平台。教师授课不拘泥于一种或几种教材，学生的学习也不仅限于课堂。学生在教师的引导下进行自主学习和积极探索，教师与学生、学生与学生形成了一个良性循环的交流圈，各种思想的火花在交流圈里碰撞，形成智慧的结晶。

（二）浸入式教学

浸入式教学是指让学生“浸泡”在第二语言中，深刻地感受语境，获得语言输入，完成语言习得的教学模式。这种浸入式的语言学习基于语言输入假设。语言输入假设认为，人们习得某种语言的条件是理解高于自己能力的语言输入，而这种理解建立在理解上下文语境的基础上。大量的第二语言语境活动为学生提供了认知支架，促进了第二语言的习得。教师可以充分利用校内校外各种资源，积极开展丰富的课外活动，以浸入式教学促进学生的语言学习。例如，举办英语戏剧节、英语配音活动、英语文化艺术展览等。学生在参加活动的过程中，进入了第二语言的真实环境，视觉、听觉和触觉等都受到了刺激。学生运用英语思维，配合丰富的肢体语言，用英语与伙伴交流，在这种实际的英语环境中使用语言，达到语言习得的目的。这些活动可以由学生会或者英语协会负责组织和开办。教师可以有选择性地参加部分活动，并结合这些活动的主题，在课堂上设计丰富的学习任务，以深化和拓展相关的知识和内容，帮助学生更好地理解和掌握语言。

以上就如何准确地把教学目标和学生需求进行匹配，如何科学有效地优化课程设置，如何创新课堂教学形式，培养学生的自主性和创造性做了一些分析。目的是找到既能有效地开展大学英语教学，培养高素质的应用型人才，又符合时代发展要求的最佳教学方案，探索出一条新时代的大学英语教学路径。

第二节 大学英语教学科学化改革的思路

随着全球化的发展，各个国家间的经济、文化、政治交流日益密切，因此，我国对专业英语人才的需求量不断增加。但是，我国大学在英语人才培养方面，高端专业人才输出较少。这主要是由于传统教学模式中存在许多问题。因此，大学英语教学需要进行科学化改革，以此来适应时代的发展，适应人才培养的需要。

一、大学英语教学科学化改革的必要性

虽然各大院校为了提升英语教学水平，都纷纷对教学模式进行创新，但大多是“换汤不换药”，取得成绩的手段依然是靠挤占学生的休息时间，靠严格的考勤安排，这些方式虽然能够让学生的英语水平得到显著提高，但学生在这种高压状态下，很容易对学习英语产生厌烦情绪，甚至演变成憎恶。这种情况表明，大学英语的教学改革必须遵循一定的客观规律，要在准确掌握这一阶段学生心理特征的前提下进行合理的教学调整，不可照搬照抄，亦不可操之过急。

二、大学英语教学科学化改革的思路

（一）提高师生互动，营造良好的课堂氛围

大学的课堂组织形式依然是班级授课，有利于发挥教师和集体教育的优势，对提高教学效率起到了一定作用。但是班级授课有一个缺点，那就是教学内容和教师精力有限。许多教师为了完成一定的教学任务，只能充分利用课堂时间讲授知识，因此在师生互动方面存在一定的欠缺。此外，许多教师会认为学生的任务就是学好知识，那么只要认真听讲就够了，对学生主观能动性的发挥存在忽视情况。在互联网技术不断发展的今天，教师可以利用各种各样的多媒体设备来完成与学生的互动，这样不仅丰富了教学手段，还有利于吸引学生的注意力，激发学生的学习兴趣与热情，营造良好的课堂氛围。此外，为解决课堂时间与教师精力有限的问题，师生间的互动可以由课内延伸至课外。通过课外交流，教师可以收集学生不理解的知识点，在日后的课堂上进行更加详细的讲解，对于个别学生提出的问题，教师也可以通过网络迅速解答，从而全方位地提高教学效率。

（二）将文化融入英语教学

语言与文化是水乳交融、不可分割的，如果没有了文化的浸润，那么语言教学就会成为无源之水。因为语言和文化之间存在密切联系，所以如果能在英语教学中融入一定的文化，那么就能取得更好的教学效果。现有的英语教学模式下，教师往往只注重对学生的词汇积累、语法知识、发音技巧等进行指导，而忽视了文化差异对英语教学产生的巨大影响。要在大学英语课堂中导入文化，可以采用直接讲解法和隐性输入法。课堂讲解是一种可以使学生直接地了解英语国家文化的方法，也是使学生可以最直观地感受不同文化在语言表达上的差异的方法。在课堂讲授中，为了引起学生的兴趣，教师可以在讲课前进行适当的准备工作，掌握学生比较想了解、比较感兴趣的文化内容，从而对教学计划进行调整。隐性输入法主要是通过情景模拟的方式来实现的，通过课堂模拟的方式，营造特定的文化场景，鼓励学生参与互动，在“真听真看真感受”的环境下学习英语文化，从而助力英语学习，达到理想的教学效果。

（三）借助新媒体技术实现自主学习

在大学英语教学中，教师与学生都习惯了以面对面的方式来授课和听课，学生在教师的板书和课件的展示中获取知识。随着信息化时代的到来，各大学都普及了多媒体设备，因此，多媒体教学一度成为热门的教学方式。但时代是在不断变化发展的，在信息化的潮流中，大众又进入了全新的互联网时代，原有的教学方式已经不能满足学生日益增长的多元化学习需求，部分教师的知识水平也不足以解答学生的所有疑问。随着智能手机、笔记本电脑等现代化设备的普及，移动学习又成了新的热门学习方式，慕课、微课、社交软件、英语教学软件等，为学生提供了更丰富的学习资源、更广阔的学习空间，以及更机动灵活的学习方式，可以让学生随时随地进行学习，不受场地、时间的限制，这是教学方式的跨越式创新，更是教育的一大进步。利用移动设备进行学习，可以让学生变被动为主动，从被迫学习转变为主动学习。移动学习的灵活性使学生可以根据自身的喜好来安排学习时间和学习内容。此外，线上教学内容比起线下教学内容更能吸引学生的注意力，激发学生的学习兴趣。

在国际化进程日益加快的今天，外语教学在推动国际交流方面起到了越来越重要的作用，外语专业人才在未来大有作为。但是，任何事物的发展都不会是一帆风顺的，总会面临许多曲折。如果各大学能够抓住时代浪潮赋予的这一机遇，充分利用各类新媒体技术更新教学方式，那么将会给大学的英语教学带来巨大的变化，推动大学的英语教学体系健康发展。

第三节 价值引领融入大学英语教学

2019 年 3 月，习近平总书记主持召开学校思想政治理论课教师座谈会时指出，要坚持显性教育和隐性教育相统一，挖掘其他课程和教学方式中蕴含的思想政治教育资源，实现全员全程全方位育人。作为隐性德育教育重要手段的课程思政，就是把思想政治理论课内容融入各学科教学。下面以大学英语教学为研究对象，以课程思政和价值引领为切入点，从大学英语的德育功能、课程改革、学科特点、经验积累等方面着手，分析把价值引领融入大学英语教学的重要意义与实施现状，探寻可行、有效的实施路径，并提出强化大学英语教师进行价值引领的意识、确立在大学英语课堂上进行价值引领的目标、研究大学英语课程中进行价值引领的策略、建设大学英语课程中进行价值引领的载体与平台、梳理大学英语教材中关于价值引领的话题、开展大学英语课程进行价值引领的成效研究等可行性建议。

一、研究背景

（一）课程思政

课程思政，即把专业教学与思想政治教育有机结合，已成为大学专业课程建设的新重点。大学英语课程是语言教学，语言教学应是工具性与人文性的统一，而人文性的核心在于弘扬人的价值。语言教学的目标是人才综合素质培养与全面发展，这与思想政治教育“促进人的全面发展”的根本目标不谋而合。然而在课程教学中，英语语言的工具性常被强调，人文性常被忽视，语言学习的功利性很强，欠缺价值引领，教学内容和思政内容缺乏有机融合。大学生中存在自我意识强、不关心政治、责任感缺失，甚至人生观、价值观不正确的现象，为将来的发展埋下隐患。把价值引领融入大学英语教学，是对“各类课程与思想政治理论课同向同行，形成协同效应”这一新命题的响应与践行，是开展课程思政、落实学科育人的具体行为。

（二）价值引领

价值引领，就是引导学生进行正确的价值判断和选择。价值引领是指社会主义核心价值体系与社会主义核心价值观的引领。帮助学生认知、认同、树立、践行社会主义核心价值观，是大学英语教学“以学树人、以文化人”的灵魂与核心。全国高校思想政治工作会议召开以来，国家出台了一系列针对高校思想政治建设、文化建设的相关政策，价值引领成为大学教师必然担当的责任。

二、研究意义

（一）强化外语教学德育功能，推动外语教学课程改革

司马光曾说：“古昔以来，国之乱臣、家之败子，才有余而德不足，以至于颠覆者多矣。”把价值引领融入大学英语教学就是以此为戒，强化外语学科的德育功能，弥补传统应试教育中重成绩、轻德行的不足，促进语言课程与课程思政合力育人。2016年12月，全国高校思想政治工作会议上，习近平总书记强调，要坚持把立德树人作为中心环节，把思想政治工作贯穿教育教学全过程，实现全程育人、全方位育人。要教育引导学生正确认识世界和中国发展大势、正确认识中国特色和国际比较、正确认识时代责任和历史使命、正确认识远大抱负和脚踏实地。2017年2月，中共中央、国务院印发的《关于加强和改进新形势下高校思想政治工作的意见》明确提出，要将价值引领贯穿教育教学全过程和各环节。全国教育系统积极构建一体化育人新模式，不断提升思政教育亲和力，“大水漫灌”变成了“精准滴灌”，即如涓涓细流一般融入各专业学科教学。大学英语作为一门必修课，课时多，时间跨度大，由大学英语教师进行价值引领，可以使这门课程在塑造大学生价值观方面起到春风化雨的作用，让思政内容活起来，扎根到课程里，增强大学英语课程的德育功能。

大学英语作为语言学科，包含丰富的思想观念、人文精神、道德规范，如何进行价值引领，使其与思政课程同向同行，更好地为人民服务、为中国共产党治国理政服务、为巩固和发展中国特色社会主义服务、为社会主义现代化建设服务，将是大学英语教学改革的大方向。2018年9月全国教育大会上，习近平总书记强调，坚持中国特色社会主义教育发展道路，培养德智体美劳全面发展的社会主义建设者和接班人。

（二）守住意识形态阵地，在探索中积累经验

大学英语课程不同于其他专业课程，是文化意识形态和思想价值体系的前沿阵地。大学英语从表层看是语言教学，但其语言体系中，蕴含、镶嵌着的西方文化价值观，具有很强的隐蔽性，对大学生价值观的影响不容忽视。价值引领、课程育人，有助于守住这块前沿阵地。大学英语是我国大学里受众最广的学科，是大学实现立德树人根本任务的实践基地。通过价值引领强化语言教学的育人功能，加强学生对西方文化中心论、西方文化价值观，尤其是西方媒体宣传的双重标准的认识，是坚定文化自信，增强文化自觉和坚守社会主义意识形态的重要途径，有助于大学生在正确认识中国特色和国际比较的过程中树立社会主义核心价值观。

业界同人就如何把价值引领有机融入大学英语教学做了各种研究与尝试，但就英语学科来说，有针对性的研究尚少，仍处在探索与积累经验的阶段。具体如何实施，通过哪些途径，如何建设教学团队和载体、平台等都有待研究。但“守好一段渠、种好责任田”，把价值引领融入大学英语教学是大学英语教师义不容辞的政治责任，要勇担当、乐尝试，在探索中积累经验。

三、路径

（一）强化教师意识，确立引领目标

对于课程思政的育人功能，价值引领在课程思政中的关键作用，教师作为传道者首先要充分理解，强化理念，“明道”“信道”才能“传道”。学校应加强对一线语言教师的课程思政意识教育，使其不但能传授语言技能，同时也能自觉承担起传播社会主义先进思想、文化的责任，弘扬社会主义核心价值观，做好大学生在英语课堂上的灵魂塑造工作，成为合格的引路人。培养教师价值引领的能力，把价值引领能力纳入语言教师素养评价指标，把价值引领内容融入教学内容，把课程育人的目标任务、话题语料、典型案例、考核方式等写入教学大纲，让价值引领看得见、摸得着，有形化、常态化，以

此强化教师理念，让价值引领有意义、有效果、有质量地进行。

有目标才会有动力、有方向。价值引领同样需要目标的指引。大学英语课程在大学期间开设的时长平均为两学年，即四学期，可以针对不同学期、不同年龄的学生特点和认知水平，同时结合不同民族、不同专业学生的文化背景，为价值引领确定不同的重点和目标。比如第一学期强化价值认知、第二学期强化价值思辨、第三学期强化价值认同、第四学期强化价值践行。教师在进行价值引领时做到有的放矢，突出重点，贯穿全程，通过每学期的不同目标实现引领的系统性、连贯性。以第三学期的价值认同为例，针对大学生中出现的“价值认同危机”，教师自身首先要明确“培养什么样的人、如何培养人以及为谁培养人”这一根本问题，明确大学英语课程肩负的培养合格的社会主义建设者和可靠接班人的使命，引领大学生认同社会主义核心价值观，为践行社会主义核心价值观奠定基础。

（二）研究教学策略，丰富引领方法

做到价值引领与大学英语课程的无缝对接，实现二者的有机结合，策略至关重要。可以运用辩证唯物主义与历史唯物主义的研究方法引导学生进行价值认知与思辨，同时把语言学、外语教学中的情感策略、元认知策略、自主学习策略、显性教学策略、隐性教学策略等应用于大学英语课程中的价值引领策略研究。具体包括：从人本主义视角考量价值引领的情感策略，避免说教，降低焦虑，提升学生在接受价值引领过程中的愉悦感和接受度；从语言学元认知策略视角考量学生在价值引领中的自我认知、自我监控、自我调节；从英语自主学习策略视角考量价值引领对学生学习风格、学习动机、学习效果的影响；从显性语言教学策略与隐性语言教学策略相结合的视角探索在价值传播中丰富知识底蕴，在知识传授中进行价值引领的最佳办法。通过开展策略研究提升价值引领在大学英语课程中的接受度，查找传统思政课上学生提不起兴趣的原因，通过使用多种策略，避免生硬地讲解，改善效果。

以元认知策略为例。作为典型的学习策略，元认知强调的是个体对自己的认知过程的调节能力，从而实施有效监控与管理。在大学英语教材及教辅中，经常会涉及“美国梦”这个主题，教师不妨同时组织对“中国梦”的讨论，让同学们找出二者的异同，提升对自身和对民族、国家的梦想的认知，强化自己对二者的比较意识。提高自我监控意

识更能增强中西方价值观比较的自觉性，比如教师可以选择国内外媒体对重大新闻的报道，引导学生正确看待西方媒体的立场与观点。

（三）建设载体与平台，梳理引领话题

价值引领离不开载体与平台的建设。一是利用各类大学英语教材、教辅在价值引领中的载体作用，包括纸质书、音频与视频材料、网络链接、微课、慕课等；二是利用通信软件在价值引领中的载体作用；三是利用纸媒在价值引领中的载体作用，包括大学学报、学院院报、宣传海报、画册等；四是发掘各级组织、团体在价值引领中的载体作用，包括学院党委、各级党支部、教学团队、学生会、学生社团等；五是利用各类活动在价值引领中的载体作用，包括竞赛、演讲、报告、访谈、会议、公开课、示范课、实践课等；六是利用网络、广播、电视等媒体在价值引领中的载体作用，比如学校网站、校园广播站、校园电视台等，发挥外语学科优势，实现英汉双语对典型事例的宣传，将受众对象扩大到包括外国留学生在内的所有在校学生。

价值引领需要梳理好话题。大学英语教材中包含着诸多西方文化元素，且表面看来话题分散、不系统，不易引起师生的警觉与重视。针对这一问题，大学英语教师首先要搜集、整理、研究教材中与价值引领相关的话题，开展对价值引领话题的梳理、创建工作。一是针对大学英语教学大纲中涉及的文化、经济、教育等多个话题，广泛征求任课教师意见与建议；二是通过分工协作与讨论学习，从英语国家的时事新闻、重要历史事件的沿革与发展，中西方文化、历史的发展与对比等方面，筛选进行价值引领与塑造的话题；三是从道德与规范、精神与物质、法治与法规等多个角度，选取与每个话题紧密相关的中英文资料；四是通过观点阐述、数据佐证、案例分析等多种手段，形成系统的大学英语课程中的价值塑造话题，最终向语料研究的方向发展。

（四）开展成效研究，评估引领效果

成效研究可以从教师和学生两个层面进行。制定对价值塑造成效的评估办法，通过教师听课、集体讨论、师生典型案例分析及访谈等，研究教师把思想政治教育融入教学的能力的评估办法，研究评估学生社会主义核心价值观塑造成效的办法，形成价值引领

的具体操作指南并使其标准化和系统化，让价值引领不仅仅进教材、进大纲、进课堂，更要进思想、进行动，考察价值引领是否做到“形神兼具”，绝不是“有形无神”。要做到这些，首先教师自身要深刻理解和准确把握社会主义核心价值观的精神实质与丰富内涵，才能将价值引领体现在行动上，并融入灵魂。大学生处在接受新事物、新思想最活跃的阶段，总是期待自身观点与问题得到回应。开展针对学生的价值引领成效评估，可以让教师在引领上更精准，做到心中有数。实践层面，研究如何多样化、动态化、系统化地把价值引领融入大学英语课程。其中多样化包括话题多样化、载体多样化、策略多样化、评估手段多样化等；动态化是指研究总结、创新解决问题的途径并非僵化、一成不变；系统化包括理论系统化、实践系统化、话题系统化、评估系统化等。

价值引领要有机融入大学英语课程，可以借鉴其他学科课程思政的经验和成果，但不能照搬照抄，需结合外语学科的特点，从整体上考察融入路径，多维度地把价值引领融入大学英语课程，如：培养教师育人能力，发挥学生主体作用、党员先锋作用和团队示范作用，针对学生因材施教、改进教学课程大纲、完善教师评价体系等，实现大学英语课程价值引领的特色创新。通过运用马克思主义学科和外语学科教学研究的理论和方法，把对大学生的价值引领置于大学英语课程中，开展两学科间的跨学科研究，实现研究视角创新。每所大学都有自身的育人传统和文化精神，价值引领需结合各大学自身特色，创建由马克思主义学院指导、外国语学院组织实施、大学英语一线教师实践、全体在校本科生参与的工作体系。同时，把学院党支部、学生党支部、科研团队、教学团队、学生会等组织部门纳入工作体系，实现工作体系创新。响应习近平总书记的号召，把价值引领“落细、落小、落实”，让大学英语课程成为培养崇学向善、明辨乐思、知行合一的社会主义接班人的平台是最终目标。

第四节 大学英语教学的特点及策略研究

大学英语教学的有效性需要科任教师根据教学的特点和目的，采取让学生尝试讲课、组织演讲辩论、背诵单词、组织游戏、穿插背景知识等方式，着力打造轻松高效的大学英语课堂。

大学教师这一职业一向受到社会尊敬，但光鲜的背后却有着不为人知的辛苦。其实，部分大学英语教师上课后疲惫不堪的直接原因是在教学过程中教师占主导地位，他们在马不停蹄地讲解。超长的授课时间，仅仅站着也会令人叫苦不迭，更何况还要同时提高嗓门授课呢？虽然对教师的疲倦表示同情，但是这同时表明这样的教学方法必须改进。课堂上由教师从头讲到尾，其实这完全还停留在中学的教学模式中。尽管每所大学的学生英语基础水平参差不齐，甚至部分大学生的英语水平还不及中学生，但是这并不能成为以中学英语课堂的教学方法教大学生的理由。实际上，中学英语教学与大学英语教学有着本质上的区别。

一、大学英语教学的特点

（一）教学目的的全面综合性

中学英语为大学英语打下基础。由于面临中考和高考，中学英语主要强调的是“双基培养”，即使学生获得基本的语音、语法和词汇知识，以及培养学生基本的听、说、读、写技能。而大学英语则是在此基础上的全方位提高，强调英语的交际功能，即学生的听、说能力。除此之外，大学英语还要求学生提高自主学习能力，要求学生能够综合运用英语这门语言，并运用英语提高自身的综合素质，与他人沟通、交流信息，实现英语学习的最终目标。

（二）教学方法的多样性

教学目的的不同必然导致教学方法的差异。面对中考和高考的巨大压力，中学英语大多以应试为最终目的，教师是课堂的中心，课堂上教给学生大量的语法以及词汇知识，学生只能被动接受。大学英语教学截然不同，大学英语强调学生运用语言的能力，在提高听、说能力的前提下，读、写、译也一样都不落下。教师与学生的角色互换，教师不再是课堂的中心，学生才是。除了向学生传授语言知识和技巧外，教师更重要的作用是引导，培养学生利用语言作为交际工具的能力。

（三）教学过程的互动性

中学教学以教师讲解、辅导为主，学生听课，很少互动；在大学英语教学中，教师主要起引路人的作用，激发学生的学习兴趣，调动学生在课堂上参与的积极性，以多种多样的课堂活动促使学生多自学，并提高学生的自学能力。中学课堂以语法讲解、词汇扩充为主，以达到应试的目的；大学课堂中语法、词汇早已不是重点，强调的是语篇教学，即分析文章中的词句，分析人物性格、事件的来龙去脉，总结文章主题思想。语篇教学旨在提高学生运用语言作为交际工具的能力，注重听、说训练，常会采用情景、功能、交际、翻译等教学方法。

二、大学英语行之有效的教学方法

兴趣是最好的老师。大学英语教师的首要职责是激发学生学习英语的兴趣，让其自主、自愿地学习。因此，形式枯燥的“满堂灌”教学方法必须彻底改革。近年来，许多教师都在不断更新并改革自己的教学方法，可是究竟什么方法才是行之有效的？每位教师都有着自己独特的见解。下面结合个人一线教学的经历，谈一谈如何设计大学英语课程才能够使教师轻松，令学生满意，同时保证教学效果和学习效率。

（一）以让学生讲课的形式，使学生充分融入课堂

以往都是教师在讲台上苦口婆心地讲解，为什么不让学生尝试一下教课呢？这一方法完全改变了以教师为中心的“中学式”教学法，突显了学生在课堂中的主体地位。在每个学期刚开始时，教师可让学生自由组合成人数差不多的几个组，数量可根据具体教学内容的多少而定。在讲课之前，教师应提醒学生准备，以免忘记。到开始讲某一单元时，该组的代表先把小组准备的资料呈现给所有同学，待学生讲课完毕后，教师再点评或是有选择地讲解。这种让学生来讲课的方法大大提高了学生对课堂的参与度，让其充分融入课堂，活跃了原本只有教师讲课的沉闷课堂气氛。同时，学生在备课及讲课的过程中，自身也得到了全面、综合的锻炼。让学生讲课，可以将知识与能力、素质与策略的培养结合起来，建立教师引导、学生践行的教学观念，形成师生互动、生生互动的教学模式。实践证明，这是一种有效的教学方法。

（二）组织演讲或辩论

在课堂上不定期地以组为单位举行主题英语演讲或辩论，也是提高学生课堂参与度

的好办法。学生可围绕一个主题，先在网上查资料，然后在课堂上演讲或者辩论。与以往等待教师传授知识不同，学生通过这种方式提高了自学能力，增强了学习的主动性。另外，学生有满足自己与人交流、协作甚至影响他人的需要，集体合作是满足学生此类需要的重要途径。演讲或辩论主题应在课前一星期给出，以便一个组的同学能够有充分的时间准备。不建议在课上临时布置题目，有两个原因：一是大部分学生英语基础薄弱，在短时间内无法准备高质量的演讲；二是大学英语课程的课时十分有限，课堂时间宝贵。如果是演讲，那么就由一个组的同学共同找资料、写文章，最后选出代表在课堂上演讲，教师根据每个组的表现打分，并计入平时成绩。如果是辩论，先在组内讨论、决定立场，然后在课堂上组与组之间进行辩论，两组辩论结束后由其他组的成员投票决定谁胜谁负，教师应对胜方给予表扬，负方给予鼓励，并强调重在参与的道理。集体合作学习尊重学生个人观点，在培养学生交往能力、协作能力和解决问题能力的同时，也刺激了其内在学习动机。这一方法保证了学生在教学过程中的主体地位，有助于培养创新型人才。

（三）背单词游戏

扩大单词量对提升语言水平的重要性不言而喻。学习英语像盖房子，语法知识是大梁，英语单词则是一砖一瓦。想要房子盖得牢固，两者缺一不可。学生偏爱通过活动的方式进行学习，但实际教学中的活动太少，授课方式单调，并不能较好地调动学生学习英语的积极性。为了提高学生对单词的熟悉程度，也为了督促其下功夫背单词，教师可以在课堂上开展背单词游戏。通常以组为单位进行，教师说出一个词的中文，学生站起来说它的英文。最快站起来说出英文并答对的加一分。一轮结束后，教师可视情况安排是否继续。游戏结束后，以每组最后的分数决定谁赢谁输。这个游戏在整堂课上起到关键作用，既调节了课堂气氛，又刺激了学生的学习兴趣，教师还不需要长篇大论地讲解。作为游戏的组织者，教师增强了自身的组织能力，在轻松愉快的氛围下完成了教学任务，何乐而不为！

（四）穿插背景知识

有趣的背景知识、小故事可以增加学习动力。教师在选择知识或故事时，要尽量以实用、有趣为主，以保证学生长久的兴趣。然而，在选择背景知识和小故事时，教师必须考量其是否能承载教学内容，能否为教学目标服务。

在文章中出现代表西方传统习俗的词汇时，教师可适当展开讲解，介绍该习俗的起源，分享相关的故事。这样一来，生动的故事吸引了学生的注意力，同时扩展了学生的知识面，的确是种值得借鉴的办法。作为英语学科的学生，了解英语国家的文化背景十分重要。故事的讲述既引起了学生的兴趣，又为其将来的跨文化交际打下基础，不失为一种有效的教学方式。

大学英语课堂应是轻松、活泼、能够充分调动学生学习积极性的课堂，教师也应在乐观、有活力的状态下完成教学任务。通过中学英语教学与大学英语教学的对比，大学英语教师将更清楚自身教学任务的侧重点，更好地向大学英语教学目标努力。学生讲课、演讲辩论、背单词游戏、穿插背景知识等仅仅是教学方法的初探。如何提高课堂质量，激发学生的学习兴趣，打造真正轻松高效的大学英语课堂，还有很多方法值得探索。

第五节 合作原则对大学英语教学的启示

格莱斯提出的“合作原则”是语用学研究中的重要理论。格莱斯认为，人们在交流时，总是下意识地遵循合作原则，而一旦违反合作原则，就会产生会话含义。大学英语教学引入合作原则，将有助于提高大学生的英语学习效率，提高大学英语教学质量。

一、合作原则

格莱斯提出了著名的“合作原则”和“会话含义”理论。格莱斯认为，日常的交际之所以能够正常进行，会话双方一定是遵循着某种规则。或者说，为了使交际正常进行，会话双方一定是朝着某个共同目标而努力的。著名哲学家康德在其“范畴表”中曾经列出“数量”“质量”“关系”“模态”四个范畴，这一做法给了格莱斯很大的启示，在此基础上，他又把合作原则细分为四个准则，即数量准则、质量准则、关系准则和方式准则。

1. 数量准则：指会话人所说的话能够满足交际所需要的信息量。

（1）所说的话应该满足当前交流所需要的信息量；

（2）所说的话不应该包括多于交流所需要的信息量。

2. 质量准则：指会话人所提供的信息必须是真实的。

（1）不能说自认为是虚假的话语；

（2）不能说缺乏证据支持的话语。

3. 关系准则：所说的话和谈论的主题是相关的。

4. 方式准则：会话人必须清楚地说出自己的话语。

（1）不能含糊不清；

（2）不能产生歧义；

（3）必须简短，不能冗长；

（4）保持有序。

二、合作原则在大学英语教学中的应用

合作原则可以应用在大学英语的教学实践中。引入“会话含义”这一概念，可以使学生深刻地理解会话的深层含义，从而使学生的语言能力和语用能力得到有效提高。

（一）合作原则在听力教学中的应用

听力试题在各种英语考试中所占的比重很大。例如，在全国大学英语四级考试中，听力的比重就占到了 35%。在日常的课堂教学中，授课教师应有意识地引导学生运用合作原则来理解会话人的真正意图。教师可以简单地介绍一下合作原则，并从四个准则的角度为学生提供一些相关的例句。例如：

A：I had a quarrel with my roommate. Every night she stays up very late. I can't fall asleep when she is around making noises in the room.

B：I'm so sorry to hear that. Like you, I'm an early bird, too. It's hard to share a room with a night owl.

Q：What does the second speaker mean?

在这段听力材料中，A 由于和室友有着不同的作息习惯，因此和室友很难相处。

B 并没有直接表明他对 A 室友的态度，而是通过说自己与 A 有着相同的生活习惯，间接地对 A 室友的做法进行了批评。

除了短对话，合作原则在长对话和篇章材料中同样可以有效应用。

（二）合作原则在口语教学中的应用

在介绍完合作原则之后，教师可以引导学生逐步增强自己的语用意识，在不同的场合中，对不同的会话人采用不同的说话方式来达到顺利交流的目的。此外，教师可以和学生一起探讨，在各种语境下可以采用何种语用策略来进行会话。例如：

One of your classmates always comments on other people negatively, which embarrasses you a lot. One day, during a classroom discussion, he begins to comment on another classmate negatively. What could you do to solve this problem?

授课教师可以将学生分为不同的讨论小组，让学生讨论可以运用什么样的谈话策略来说服同学，使他不再对别人有负面评价，既要达到提醒的目的，同时还不能影响同学之间的关系。

等学生小组讨论结束之后，教师可以每个组找 1～2 位同学发言，和其他组进行信息共享。这样的讨论和分析可以有效提高学生的语用能力，将合作原则应用到教学实践中。

（三）合作原则在写作教学中的应用

在很多英语测试中，写作题目都有一定的字数限制。这就要求考生必须充分遵守合作原则，在数量、质量、关系及方式四个方面下足功夫，既要保证写作内容全面，论据充足，又要避免赘述，造成表达力不足。

此外，合作原则在阅读和翻译教学方面也可以得到有效应用。由于篇幅关系，此处就不一一展开论述。

格莱斯的合作原则是语用学的一个重要理论。人们在交际时，总是潜意识地遵守合作原则及其相关准则。通过故意违背其中的一个或几个准则，可以产生新的会话含义。在教学中，教师可以向学生简单地介绍合作原则，使学生意识到会话含义的产生机制，并在语言学习过程中有意识地应用。

第二章 大学英语教学的发展

第一节 问题意识与大学英语教学

随着经济全球化进程的加快，作为国际交流的工具，英语的重要性和必要性越来越突出。作为未来的建设者，大学生的英语阅读能力与准确捕捉和理解英语文本的能力显得更加重要。作为实现这一目标的主要途径，教材起着极其重要的作用，因为教材具有全面、系统的知识结构，丰富、广泛的题材，多领域、多维度的内容，以及合理、难易度兼顾的练习，再加上丰富的线上课程，为学生提供了便捷可用、按需索取的学习资源。作为教学的引导者与答疑者，教师在学习资源极其丰富、习题答案唾手可得的今天，应当转换传统的教师角色，聚焦于教材的深度阅读，见学生之未见，问学生之未问，思学生之未思，才能更好地把学生引向知识的海洋，探索更多的奥秘，也才能适应未来的挑战。那么，如何做好新时代的教师？如何从传统角色转向新角色？提高教师的问题意识是关键。

一、问题意识及其特征

问题意识就是思维的问题性心理，人经常会遇到一些不明白的问题或者现象，并且通常会产生探求的心理。

一旦产生问题意识，心理就会失去平衡，因为所遇问题、现象与原有认识出现了矛盾、冲突和违背，一时又找不到合理的解释，从而启动了探究思维，直至找到答案。由此可知，产生问题意识是思维活动的预备阶段和前奏，是点燃思维之火，促成思维硕果的必经环节。

二、如何增强问题意识

问题意识人皆有之，只是随着信息的泛滥，有的人听之任之，认为理所当然，不必纠结；有的人依旧保持敏锐的问题意识，见凡知疑，同中求异，熟中求生，惯中找奇，往往会有令人惊喜的发现和收获。

教师的问题意识可以唤起学生的求知欲和好奇心，让学生成为知识的探索者，而不是知识的直接享用者。学生不能成为靠教师、靠别人喂养的“巨婴”，否则将永远无法摆脱被动地位，永远不能独立解决问题。

那么，教师在教学中应如何增强自己的问题意识，激发学生的好奇心和求知欲，培养学生适应未来的探究能力和解决问题的能力呢？可以从以下两方面着手。

（一）从矛盾处着手

下面以《大学英语综合教程》第一单元为例，具体阐述如何运用问题意识进行教学。

文章开篇讲道：“I try not to be biased, but I had my doubts about hiring Stevie. His placement counselor assured me that he would be a good, reliable busboy. But I had never had a mentally handicapped employee and wasn’t sure I wanted one. I wasn’t sure how my customers would react…”。

从上述文字深入思考，就会引发一些疑问：为什么作者要雇用一个有智力障碍的员工？难道健全的员工找不到吗？顾客会接纳这位特殊的侍者吗？会影响原来一直红火的生意吗？其他侍者会歧视甚至欺负他吗？通过对材料的分析思考，可得出：“我”大胆启用残疾侍者，貌似一个“创举”，实际上从侧面深刻反映了人们对残疾人的偏见和歧视，在后来的情节中，史蒂夫以出色的工作业绩、超凡的敬业精神、忘我的工作态度完全消除了人们的疑虑，树立了身残志坚、工作不输健全人的形象。

又如该文第二段第二行：“Truckers don’t generally care who buses tables as long as the food is good and the pies are homemade.”。

该句出现两个“es”，应如何理解？是否有错呢？由此引发思考：“as long as”引起的明显是一个条件句，“who”引导的是一个宾语从句，作为前面谓语动词“care”的宾语。而该宾语由 3 个词组成，“who buses tables”即构成主谓宾结构。中间的“buses”主语为第三人称单数，末尾“tables”为可数名词的复数形式。经过这样的分析和思考，原有的疑问消失了，也明白了该句的来龙去脉。

（二）从认知冲突处着手

再如第二段第四行：“The ones who concerned me were the mouthy college kids traveling to school.”“one”是数词，岂能加“s”？这不是与以前的知识相冲突吗？其实，只要细加思考，从后边的信息可推出这里的“one”不是原有认知中的“one”，即不是基数词，而是代词，相当于“people”。因为是复数，所以加“s”没有问题。许多看似习惯的东西掩盖了一些有用的知识，一些能带来新奇发现和颠覆传统认知的新东西，可见培养问题意识十分重要。

综上所述，问题意识能促进思维活动的进一步发展，提高认知水平，诱发新的发现。教师若注重学生问题意识的培养，大学英语教学效果将更佳。许多看似必然的语言现象能引发一系列的因果链和知识链，从而培养学生的认知能力和语篇分析能力。

第二节 专门用途英语与大学英语教学

我国大学英语教学通过广大英语教师的辛勤努力，取得了长足的进步，为高等教育的人才培养做出了巨大的贡献。然而，随着全球化、信息化时代的到来，我国的国际地位日益提高，对外交流日益频繁，国家急需大批国际化、创新型、懂外语的专业人才。所以，按照以打基础为目的的传统大学英语教学大纲和教学内容培养出的人才已经不能满足社会发展的需要。在这种背景下，越来越多的大学都在压缩英语课时，大学英语教学遇到了前所未有的困境。为了摆脱目前的困境，大学英语教学的目的应该从“打基础”转向“为专业服务”，教学内容应该从“通用英语”转向“专门用途英语”。

一、专门用途英语综述

（一）专门用途英语的起源及其在国内的发展

专门用途英语教学始于20世纪60年代。韩礼德等著名学者于1964年首次提出了专门用途英语的概念：“专门用途英语是公务员的英语、警察的英语、法官的英语、药剂师和护士的英语、农业专家的英语、工程师及装配工的英语。”20世纪60年代中后期，英语在国际政治、经济、贸易、科技、文化交流等方面发挥了重要的作用。英语学习不再是一种单纯的语言学习，而是具有很强的目的性和工具性，学习目的从单纯的研究语言转向提高语言交际能力，以满足实际工作的需要。随后，一些英语国家的大学纷纷开展了专门用途英语教学项目，把英语教学和学生的专业学习结合起来。由此，英语教学内容从通用英语转向专门用途英语。1957 年，联合国教科文组织发布报告指出，全世界近 2/3 的工程技术文献是用英语撰写的，而全世界超过 2/3 的科技人员不能阅读英文论著。这一报告在非英语国家掀起了一股学英语的热潮，越来越多的人开始学习英语，希望掌握西方国家先进的科学技术。在这种情况下，专门用途英语教学在非英语国家应运而生。20 世纪 70 年代末，专门用途英语教学理念被引入国内。当时的一些理工科院校按照专门用途英语的教学理念，成立了科技外语系，开展科技英语教学和研究，尝试结合学生的专业进行英语教学，于是出现了“机械英语”“电工英语”“工程师英语”等专门用途英语课程。到了 20 世纪 80 年代初期，专门用途英语教学在国内很多大学都呈现出欣欣向荣的景象，但是由于当时学生的英语水平偏低，专门用途英语教学很快就被通用英语教学所替代。21 世纪以来，一方面由于大学英语教学改革的不断深入和大学生英语水平的逐步提高，另一方面由于专门用途英语具有明确的教学目的和显著的教学效果，专门用途英语教学又受到了国内专家学者的广泛关注。

（二）专门用途英语的概念、特征和目的

除了上文韩礼德等人提出的有关专门用途英语的概念之外，一些中外学者也提出了自己的专门用途英语概念。

麦凯认为，专门用途英语是指有明确实用目的的英语，这种目的和职业要求紧密相连。

专门用途英语研究专家哈钦森和沃特斯认为，专门用途英语是指与某种特定职业或学科相关的英语，是根据学生的特定目的和特定需要而开设的英语课程。

汤姆和艾伦认为，专门用途英语作为一种语言教学方法，其教学内容和教学手段都取决于学生的目的。

卢思源认为，专门用途英语是应用语言学的一个分支，它是指专为科技人员和商贸工作者的某些特殊需要而设计的英语教学方法和教材。

尽管各位学者对专门用途英语概念的表述不完全相同，但是从中可以归纳出两个共同特征：一是专门用途英语与某种职业或学科紧密结合，二是专门用途英语的学生有着

明确的专业或学科目的。

专门用途英语教学专家斯特雷文斯曾指出，专门用途英语有四个根本特征和两个可变特征。专门用途英语的四个根本特征是：（1）课程设置必须满足学生的特定需求；（2）与特定学科或职业相联系；（3）语言上适合相关专业或职业的句法、词汇和语篇；（4）与通用英语形成对照。专门用途英语的两个可变特征是：（1）可以只限于某一种语言技能的培养（如阅读技能或口语交际技能）；（2）可以根据任何一种教学法进行教学。

纵观国内外学者对专门用途英语给出的概念，不难看出专门用途英语是一种行之有效的教学途径，它以应用语言学理论为依据，以学生的特殊需求或专业为出发点制定教学目标、教学内容和教学方法，其目的是培养和提高学生在所学专业领域用英语进行学习和交流的能力，以及在所从事的行业用英语进行工作和沟通的能力。

（三）专门用途英语的分类

根据不同的标准，专门用途英语有不同的分类法。目前国际上比较著名的是根据使用目的分类的两分法和根据学科门类分类的三分法。

根据使用目的，专门用途英语可分为职业英语和学术英语两大类，学术英语又进一步分为通用学术英语和专用学术英语。根据学科门类，可把专门用途英语分为科技英语，商务英语和社科英语三个大类。尽管分类方法不同，但是学者们都把职业英语和学术英语作为基本的分类单位。这充分表明职业英语和学术英语是专门用途英语必不可少的组成部分。

二、大学英语与专门用途英语

大学英语是指现阶段我国高等学校针对非英语专业学生开展的公共英语教学，是通用英语的代名词，其评价标准是全国大学英语等级考试。专门用途英语是指结合学生专业所进行的英语教学。本质上，两者都是语言教学，都可以提高学生应用英语的能力。

通用英语是以教授语言的一般知识和技能为目的的课程，培养学生的英语语言能力，即掌握英语语言共核。通用英语强调学生理解英语的基本结构，包括语音、词汇、语法和语篇的能力。通用英语是一种适用于所有职业和场合的通用语言，不考虑学生目前的专业与将来从事的职业，其目的是培养学生英语语言的基本功，即听、说、读、写、译的能力。而专门用途英语则是根据学生的特定目的或特定需求而开设的英语课程，将专业知识学习与语言技能训练结合起来，教学过程注重专业英语的词汇特点、语法特点、修辞特点，具有较强的针对性和实用性，其目的是增加学生的专业英语知识，培养专业领域的英语应用能力，提高学术英语水平。通用英语和专门用途英语是整个英语学习过程中的两个不同阶段，侧重点不同，通用英语是前期阶段，侧重语言本身，而专门用途英语是后期阶段，侧重表达的内容。

三、大学英语教学向专门用途英语教学转变

（一）必要性

随着经济全球化的深入和我国对外开放的不断推进，国家对高质量的国际化、创新型、懂外语的专业人才的需求不断增加。在此背景下，大学英语教学应当进行适当调整，从一门“语言基础课”转变为一门提高学生专业英语能力的“语言工具课”；教学目标从“培养学生的英语综合应用能力，提高文化素养”转变为“增强学生运用英语进行专业和学术交流、从事工作的能力，提升学生学术和职业素养，使学生成为真正懂外语的专业人才”。钱冠连认为，一般大学本科生外语过关的标准为：（1）在自己相关学科或领域内，与外国人直接交流，听得懂（允许听不懂再问）、讲得出（允许不流畅）；（2）在自己相关学科或领域内，能借助词典阅读外文原版书籍。

英国文化委员会曾就英语学习在近百个国家进行了一项大型调查，其结论是：（1）英语的世界地位不会动摇；（2）掌握英语至关重要；（3）专门用途英语教学将成为主流；（4）文字教材不可替代；（5）英语师资培训要将英语和其他专业知识相结合。由此看来，专门用途英语教学是大学英语教学改革的必然方向。此外，英语的知识是无限的，没有一个人可以掌握各个行业的英语。经过基础学习之后，人们对英语

的学习和使用一定是结合自己的专业或职业。如果大学英语一味地教授通用英语，而不结合学生的专业进行专门用途英语教学，学生没有掌握将来在工作中所需要的专业英语，而掌握的通用英语又用不上，那么这种脱离学生专业需求的英语教学就是一种时间和资源的浪费。

大学英语转向专门用途英语教学有利于提高教学效率，激发学生学习的积极性。每个大学生都有自己的专业方向，如果大学英语能够结合学生的专业开展专门用途英语教学，课堂上学到的词汇、语法与学生的专业背景知识紧密相关，学生的学习效果必然会更好。英语学习促进了专业学习，专业学习巩固了英语学习，两者相得益彰。所以，结合学生的专业开展英语教学是大学英语改革的方向。

（二）可行性

尽管专门用途英语教学在我国的起步较晚，但是近几年发展迅速。从 2009 年起，“ESP in Asia”国际学术研讨会年会连续在重庆大学、宁波大学、西安交通大学、香港理工大学、复旦大学、首都对外贸易大学召开。2010 年，《中国 ESP 研究》在北京外国语大学正式创刊，2011 年中国外语教学研究会专门用途英语专业委员会正式成立。2013 年 4 月，上海高校大学英语教学指导委员会颁布了第一个专门用途英语教学大纲《上海市大学英语教学参考框架（试行）》。2014 年，中国专门用途英语专业委员会 ESP 评估测试研究与发展中心成立。2016 年 1 月，上海理工大学学报（社会科学版）编辑部成功承办了“全国 ESP 高端学术论坛”。这些都对专门用途英语教学在大学的开展与普及起到了积极的推动作用。此外，近年来，中小学基础英语教育和大学英语教育都取得了巨大的成就，大学新生的英语水平明显提高。我国高中英语教学对词汇量的要求已达到 4 500 个，许多高中毕业生的实际英语水平已经接近或达到大学生水平，这为大学开设专门用途英语课程提供了保证。同时，一些学者在专门用途英语教学领域的实践方面积累了宝贵的、可以复制的经验，他们独特的教学方法、成功的教学经验、显著的教学成果值得英语教师们借鉴和学习。

（三）专家意见

针对目前部分大学英语的教学情况和不太理想的教学效果，国内一些英语教学专家呼吁，大学英语的教学内容应尽快由通用英语转向专门用途英语。

专家认为，我国外语教学应该把通用英语教学全部放到中学阶段去完成，大学阶段的英语教学应该专注于专门用途英语。我国的外语教学必须转型，即通用英语应该成为中学英语教学的重点，大学应担负起专业性较强的专门用途英语教学。还有专家预言，结合学生专业进行英语教学是大学英语教学的发展趋势，此外，专门用途英语十分适合我国社会发展的需求，因为它能在最短的时间里最大限度地满足社会各阶层和各领域对外语人才不断增长的需求。我国大学生主要是把英语作为交际工具，通过英语获取专业所需要的信息、表达自己的专业思想，因此大学英语教学的方向应该是专门用途英语教学。

综上所述，对于非英语专业的学生来说，英语就是一种帮助其培养专业素养、提升专业水平、了解专业前沿知识、在专业领域与国际同行合作交流的工具。所以，大学英语教学的首要目标就是培养学生在自己的专业领域使用英语的能力，而实现这一目标的最佳途径就是大学英语的教学内容从通用英语转向专门用途英语。

大学英语教学的最终目的是培养国家和社会所需要的懂外语的专业人才。在全球化的今天，我国所需要的人才首先是能够运用外语就某一领域的专业知识在国际社会中进行对外交流、国际谈判以及国际合作的专业人才。要实现这一目标，大学英语的教学内容也应当从通用英语转向专门用途英语。大学英语只有为学生的专业学习服务，结合学生的个体需要开展教学，才能调动学生学习英语的积极性和主动性，学习效果才会更好，大学英语教学才可能摆脱目前的困境，在培养国家急需的国际化、创新型、懂外语的专业人才方面发挥应有的作用。

第三节 慕课与大学英语教学

慕课，即大规模开放在线课程，是开放教育的新型模式，是目前主要的开放式免费资源，与传统的在线教育相比，它主要表现为高品质教学的大规模参与。慕课的出现对传统大学的教学发展、现代技术与教学的融合创造了无限前景和机遇，同时也对大学教育的去围墙化提出了前所未有的挑战。

一、慕课简介

慕课这个概念最早是在 2008 年被提出的。2008 年，加拿大的柯米尔与亚历山大联合提出“慕课”的概念。2012 年是慕课迅猛发展的一年，斯坦福大学的 Coursera 和 Udacity，马萨诸塞理工学院的 edX 成为慕课的三大运营机构，任何人都可以免费注册他们的在线课程，这三大机构致力于实现任何人在任何时间、任何地点都可以自主学习。我国的大学开始加入慕课队伍是在 2012 年 2 月，香港中文大学是第一个在 Coursera 上授课的中国大学。2012 年 5 月，北京大学、清华大学、香港科技大学正式加入 edX，随后又有更多的中国大学加入三大慕课运营机构。

目前，慕课主要有两种类型：一种关注知识的创造和生成，将分布在世界各地的授课者和学生通过某一个共同的话题或主题联系起来，学生通过交流和协作，构建学习网络，建构知识。另一种基于行为主义学习理论建立，其核心理论为操作性条件反射学习，该理论把知识看作是一些特定的反应组合，认为在人类的大多数学习中，“强化”是形成操作性条件反射的重要手段，教学就是安排可能发生的强化实践以促进学习。简而言之，前者强调创造自主学习、沟通与交流，后者强调传统教学理念和过程。如果从操作角度分析两种慕课，则区别很大：前者为单门课程，可以由教师个人组织实施，大学及其他教育机构不参与；后者在平台基础上运营，每个平台的课程数量不等，通常与知名大学或者商业机构合作，以商业化公司形式运营。

二、慕课对优化大学英语教学的帮助

大学英语是以外语教学理论为指导，以英语语言知识与应用技能、跨文化交际和学习策略为主要内容，并集多种教学模式和手段为一体的教学体系。依据这一指导思想，大学英语课程的授课内容可以分为三个主要方面：第一，英语语言相关知识，包括词汇、语法、阅读、写作等；第二，英语应用技能，包括口头表达、听力理解、翻译等；第三，跨文化交际和学习策略。但是在传统教学模式下，这些能力的习得都通过课本中的课文和习题进行。有的学校硬件设施较好，可以有部分英语课程在语音室进行。随着大学持续扩招，大学英语自然班人数增多，各种语言实际应用能力通过大课堂实现的可能性越来越低，出现了大批考试成绩好，但实际语言应用能力差的学生。而跨文化交际能力由于不属于全国大学英语等级考试的考查范围，训练通常都流于形式。

慕课的优势在于每一段视频都是经过精心打磨的，极大提高了课堂效率。每位教师都有自己的优势与不足，借助慕课资源中的视频资料，可以扬长避短，大大增加课堂输入的高效性。课堂教学的优势在于师生之间的互动，但大学英语教学受时间、空间的限制比较大，学生来自不同专业，却必须在同一时间学习大学英语课程。除此之外，学生水平的差距也导致了课堂教学进程的不一致，这些问题都可以通过利用慕课里的学习资源得到改善。学生可以根据自己的水平与需要，选择不同难度的视频在线自学，达到与课堂教学要求基本一致的水平。另外，在线上反复观看视频，进行学习，也极大提高了学生的自主学习能力。传统的教学方式与内容无法满足学生自主学习的需求，慕课的免费资源解决了这一问题。

慕课是一种全新的教学体验，结合信息技术的高速发展，慕课极大提高了课堂教学输入的有效性，也调动了学生学习的积极性。外语教学技术化、电气化、计算机化对英语教师的语言能力提出新挑战，传统的讲授式教学已经远远不能满足学生的课堂需求。此外，如何保证课堂教学内容与课外线上学习内容的相辅相成也是一个挑战，毕竟主要依靠自觉的线上学习，缺乏监督和有效的评价方式，对大学英语教学会造成一定阻碍。完善监督与评价模式，是慕课与课堂教学统一的保障。

第四节 翻转课堂下的大学英语教学

随着互联网技术的发展和教育观念的转变，翻转课堂为创新大学英语教学模式提供了新的路径。翻转课堂下的大学英语教学可以转变课堂主体，引导学生自主学习，培养学生合作创新的能力，对教学效率的提高也具有积极意义。下面将立足于我国大学英语教学实施翻转课堂的困境，分析翻转课堂的基本内涵，以期为翻转课堂在大学英语教学中的应用提供建议。

随着我国新课改的推进和英语语言教学地位的提高，目前传统的大学英语教学模式已不能适应时代的发展和人才培养的需要，教育理念保守、课堂沉闷、教学质量不佳等问题始终困扰着大学英语教师。翻转课堂以学生为核心，强调个体差异和因材施教，是对传统教学模式的革新，其应用对大学英语教学效果的改善具有重要价值。因此，新时代背景下实现传统教学模式向翻转课堂教学模式的转变势在必行。

一、翻转课堂的基本理论及应用优势

翻转课堂以新媒体的发展为依托，以课本知识为基础，以学生自主性的发挥为核心。翻转课堂的应用能够为传统的大学英语课堂注入新的生机与活力，能够引导学生合理安排学习时间，在实现对教师减负的同时提高英语教学质量。

（一）翻转课堂理论概述

最初，美国高中的一位教师通过录屏软件及录音的方式形成课件，提供给缺课的学生学习，这种方式受到了广大学生的欢迎，这位教师为了提高教学效率，便通过网上视频的形式使学生在课前掌握新的知识，并在课堂上答疑解惑，这就是翻转课堂的雏形。经过长期的发展，翻转课堂的体系更加完善，也受到各科教师的青睐。作为现代教育的新教学模式，在翻转课堂中，课前学生根据教师提供的教学视频及参考资料完成学习，课堂上生生、师生进行交流，教师解答问题，课后学生完成教师布置的作业。这种教学模式的创新点在于充分利用了课堂时间，由学生主导学习，并在教师的指引下自主完成学习任务。

（二）翻转课堂的应用优势

相较于传统的大学英语教学模式，翻转课堂更加符合学生的认知规律，教师利用信息技术和互联网平台优势，创新教学模式，将教学内容划分为课前、课中、课后三个阶段，能够有效提高英语教学效率。翻转课堂具备一些传统英语教学所不具备的优势。

第一，精练的教学视频可以提高学生的学习兴趣。教师以课本知识为基础，通过精心准备，将学习内容浓缩于几分钟的小视频中，能够起到提纲挈领的作用，在内容上对学生实现减负，在形式上也具有传统课件教学所无法比拟的新颖性，可以吸引学生主动投入学习。

第二，先学后教的方式颠覆了传统教学理念，为学生个性化、自主化学习创造了空间。学生课前预习并尝试完成预习作业，通过小组讨论、自主思考，能够实现问题的自主解决，学生只需记录一些疑问，在课堂中提出并讨论。这种方式既可以提高学生自主探索的能力，也可以提高课堂效率。

第三，翻转课堂具有针对性，能够尊重个体差异，实现因材施教。在依托于信息技术的翻转课堂中，教师可以通过网络平台为学生提供更加丰富的英语学习资料，帮助一些英语底子较差的学生弥补知识空白，有针对性地解决学生的学习问题。

二、翻转课堂在大学英语教学应用中的困境

（一）传统的大学英语教学理念阻碍翻转课堂的推进

大学英语教师长期受传统的教学理念和教学方式影响，形成了主导课程进程的习惯，很难在短时间内实现身份的转变。虽然翻转课堂在我国部分大学的英语教学中已经开始实施，但是大多数教师还是采取传统的先教后学的授课模式，忽视了英语语言的交际特性和应用功能，缺乏和学生的沟通交流，学生仍处于被动接受知识的状态。传统的英语教学理念在我国教育行业的影响力是持久的，类似翻转课堂这样的新教学模式的推进困难重重，翻转课堂在大学英语教学中难免处于被形式化的尴尬境地，这种情形抑制了学生学习的自主性和积极性，降低了英语课堂的学习效率。

（二）大学英语课时设置和课程安排不合理

大学英语学习内容多，课时设置少，成为阻碍学生提高学习效率的重要因素。国内大学在英语学习时间安排上保持每周两至三节课的状态，每周可能会另设一节听说课程，很多大学在课程设置方面还采取单双周上课的形式，导致学生学习英语的时间进一步减少。在有限的时间内，教师要实现对学生多方面英语能力的训练，教学效果可想而知。此外，大学英语教学目前采取大班授课、一对多的形式，教师想实现针对性教学和因材施教也存在较大困难。

（三）部分学生对翻转课堂持抵触情绪，缺乏学习主动性

在缺乏必要监督措施的基础上，一些学生缺乏自主学习和规划时间的能力，很有可能会对课前的视频学习持敷衍的态度。此外，教师在应用翻转课堂进行教学的过程中，如果忽视学生个体的差异性，一些底子薄弱的学生可能会在课前学习阶段产生理解困难。学生一旦出现畏难情绪，便会自然产生抵触心理，翻转课堂的教学形式也就无法提高学生的学习兴趣，学生的英语学习效率也就无法提高。

（四）翻转课堂在实际应用中产生的问题

应用翻转课堂的优势是显而易见的，但我国缺乏应用翻转课堂的经验，在教学方法、课程设置、基础设施等方面和翻转课堂所需不配套，在应用过程中难免产生新的问题。第一，教师缺乏经验，盲目翻转，使翻转课堂无法发挥效用。很多教师刚刚接触翻转课堂时，还缺乏深入的学习和理解，也不能根据教学情况合理调整教学安排，就盲目将翻转课堂应用于英语教学，单纯给学生布置任务，缺乏必要的监督，使翻转课堂过于形式化，效果甚微。第二，在缺乏足够的人力、物力、资金投入的基础上，翻转课堂的共享平台难以有效建立，翻转课堂应用过程中相关配套设施缺位，从而影响大学英语教学的整体效果。第三，翻转课堂依赖于教师整合教学视频和资料，增加了教师的工作量和工作负担。此外，翻转课堂的教学效果还受制于教师的专业能力和信息技术水平，当前很多大学英语教师的信息技术水平较低，对新媒体的应用仅限于制作简单的课件，在制作复杂的视频和使用教学软件上存在困难，实际的教学效果也会因此受到影响。

三、大学英语教学中应用翻转课堂的建议

将翻转课堂的课前准备、课中互动、课后巩固三个环节紧密结合，可以提高学生的英语学习效率，也可以提高学生的综合素养。针对目前在大学英语教学中应用翻转课堂的阻碍因素，提出以下建议：

（一）教师要做好翻转课堂的课程设计

首先，在课前环节，教师要根据学生的具体情况，明确翻转课堂的教学内容，比如可以根据大学英语教材的内容，进行某一单元的课程翻转，也可以针对词汇记忆、语法掌握、写作练习等内容进行翻转。教师还要向学生提供充足的学习资料，包括教学视频及学生自学资料。视频录制要注意形式新颖，迎合学生的兴趣，内容贴近现实，并且要保证难度适中，不会给学习造成较大的困难。教师还可以组织学生建立自学小组，探讨预习成果，学生通过知识共享、相互答疑提高自学效率。其次，课堂讨论是学生进行观点碰撞、实现智慧共享的过程，教师在这一过程中可以组织学生进行分组讨论，分配小组任务，学生在组内互相交流，共同攻克知识的重难点。此外，教师要善于应用评价机制，针对小组的答疑成果，引导学生进行自我评价和问题总结，激励学生在之后的学习中继续进步。

（二）教师应转变教学理念，调整教学方法

翻转课堂取代传统的大学英语教学模式是英语教学发展的新态势，因此，教师必须根据实际情况调整教学理念及方法。具体来讲，就是要将翻转课堂落到实处，避免形式化。教师要立足于翻转课堂的内涵和应用方法，建立符合学生认知规律的翻转课堂体系，在应用的过程中突出学生的主体地位，实现学生自主安排学习时间、自主解决问题、自主构建知识脉络的教学目标。同时，翻转课堂和情境设计是紧密联系的，教师可以在翻转课堂中引入情境教学法，实现教学方法和教学模式的配套，提高教学效率。

（三）提高学生的自主学习能力

翻转课堂成功应用的关键在于学生对知识的转化与吸收，学生的自主学习能力直接影响知识转化的效果。教师首先应当引导学生认清学习英语的价值，帮助学生树立学习目标，由目标衍生动力，推动学生自主学习。教师还要传授一些自主学习英语知识的技巧、公布一些查找英语资料的网站，帮助学生提高自主学习的效率。此外，在大学英语

的学习过程中，教师可以鼓励学生积极参与英语活动和比赛，营造良好的英语学习氛围，提高学生运用英语的能力。

（四）提高教师的信息技术应用能力和专业素养

翻转课堂的推进以网络新媒体的发展为支撑，大学英语教师必须提高自身的信息技术应用能力，实现信息技术和英语教学的融合，提高翻转课堂的教学效率。在教师培训项目中，学校应当加大对英语教师的信息技术应用、课件制作、教育软件应用等方面的训练。教师也应当适应翻转课堂教学的需要，不断提高自己的综合能力。

（五）构建翻转课堂教学评价的新模式

教学方法、教学设施、考核评价机制等应与教学模式同步更新。在翻转课堂教学模式下，大学生的英语成绩考核不能仅限于笔试成绩、考勤状况、实践活动等传统指标，还应当针对翻转课堂的特点，增加自我学习监测、小组讨论交流情况、课堂参与度等评价指标。通过明确考核指标，设置合理的分值比例，构建翻转课堂下大学英语教学的全新评价机制，激励学生参与课堂活动，提高教学质量。

综上所述，翻转课堂作为新型教学模式，能够将大学英语教学的内容及方法从传统的课堂讲授中解放出来，提高大学英语的教学质量。因此，大学英语教学要积极变革，实现向翻转课堂教学的转变，改变传统的教学理念和方法，提高教师的综合能力，发挥翻转课堂在大学英语教学中的积极价值。

第五节 以就业为导向的大学英语教学

现在很多毕业生都面临着同样的问题，那就是就业难。教师究竟该怎么做，才能让学生更好地就业呢？教师需要以就业为导向进行教学，改变人才培养的侧重点，全面迎合社会对英语人才的需求；同时对自己的教学内容、教学手段进行调整，帮助学生提升英语素养，为学生的就业打好基础。

一、以就业为导向，提高大学英语教师的实践能力和教学水平

想要开展以就业为导向的大学英语教学，教师需要提升自己的教学水平，因为“以就业为导向”的大学英语教学需要教师有较多的实践经验和社会经验，才能把英语教学和就业结合起来，在教学中明确教学内容和教学重难点，帮助学生提高运用英语的能力。比如说，学校要鼓励教师走上各种岗位，让教师进入一些行业，可以是导游、对外交流人员、技术人员等。教师在从事这个岗位的工作时，认真体会这个岗位需要什么样的知识，需要学生具备什么样的能力。此外，教师在实践的过程中也会了解这个行业的具体工作是什么，工作流程是怎样的，当教师对这个岗位的需求非常清晰的时候，在教学的过程中就可以参考岗位对员工的要求来进行教学，这样学生就会具备岗位所要求的能力，在求职的过程中自然比其他人有优势。教师也要不断学习，除了不断巩固英语知识外，

还可以去参加英语相关行业的考试。比如，学校可以鼓励教师去考取导游证等职业资格证，教师在教学的过程中就可以把这些行业中和英语相关的知识融入教学，拓展教学内容，让学生可以掌握更多的行业背景知识。学校也要为教师搭建一些平台，让教师可以更快地接触到最新消息，为社会培养高素质人才，同时也能够保证教师的教学更有时效性，与时俱进。

二、以就业为导向，优化大学英语的教学环境

对于学生而言，好的学习氛围和学习环境是非常重要的，很多学生在就业的时候出现困难，不是因为掌握的英语知识不够，而是没办法把自己的知识运用到实际当中，只会纸上谈兵，这根本不符合大多数企业的招聘要求。教师在教学的过程中要为学生营造一个好的环境，让学生可以从课堂走出去，去真实地接触各种岗位。教师可以在课堂或者整个校园模拟职场环境，这样能够给学生更真实的体验，让学生明白自己想要就业还需要获取哪些知识和信息。教师可以运用多媒体来给学生创设情境，也可以组织学生开展活动，让他们体验用英语工作的全过程。

要为学生营造以就业为导向的英语学习环境，学校也可以和一些企业合作，让学生能够进入各个行业。学生可以在这个行业中做实习生，跟着前辈去学习经验，提高实践能力，强化就业能力。比如说，很多学生虽然一直在进行英语学习，但事实上他们对自己的未来是非常迷茫的，根本不清楚自己可以做什么。如果学校给学生一些机会，让他们能够真实地接触某个行业，并且让他们具备这个行业所需的知识和技能，学生对自己的未来会有更清楚的认知，也能更好地把握自己的就业走向。这些实践经验在学生找工作的时候会有极大的帮助，是他们宝贵的财富。

三、以就业为导向，建立多元化的能力考评体系

在目前大多数的大学英语教学中，教师对学生的考核主要还是放在英语基础知识上，

这样的考核不利于学生的就业，也不利于以就业为导向的大学英语教学的开展。因此，教师需要在教学的过程中建立多元化的能力考评体系，除了基础知识的考核，还要增加面试、实践等考核。多元化的考评体系可以提高学生的综合能力，让他们能够更好地适应社会，更好地适应自己的岗位。

（一）笔试和口试评价相结合

以往的英语考核更注重学生的笔试，忽视了学生的口试，教师一般会把学生的笔试成绩当作其最终的英语成绩，并且根据学生的笔试成绩来对学生的英语能力进行判定，这样的考核方式不利于学生提高英语口语表达能力。教师需要在考核中加入口试环节，并且要把口试和笔试放在同等重要的位置，口试的考核方式也可以多样化一些，比如让学生进行情景对话，或者让学生就某个话题进行几分钟的演讲等，这样不仅能够锻炼学生运用英语的能力，也在某种程度上提高了学生的就业竞争力。

（二）校内英语等级证书与行业英语证书相结合

每个学生的英语基础和水平都是不一样的。以往教师大多鼓励学生去参加全国大学英语等级考试，但是很多学生的英语基础不好，考试通过率并不高，这就导致学生对学习英语产生畏惧心理，学习英语的信心和勇气受到打击。其实，教师可以把对学生的考核分为校内考核和专业考核两种，校内考核较简单，侧重考查学生对知识点的掌握情况，注重考查学生听、说、读、写的能力；而专业考核则要求较高，考核的知识点也更加专业，学生必须具备一定的专业知识才能够通过考试。有了这两种考核方法，学生可以根据自己的实际情况去选择进行哪种考核，掌握学习的主动权。就跟冲关一样，学生会有自己的学习目标。校内考核是基础，专业考核是提升，教师需要鼓励学生去进行专业考核，这对学生的就业更有帮助。

综上，随着就业压力的增大，大学英语教学需要以就业为导向，帮助学生培养英语实践运用能力，让学生成为社会需要的高素质人才。

第三章 大学英语课程体系建设

外语在高等教育国际化战略中的重要作用决定了其在通识教育课程体系中的重要地位。大学英语课程体系是通识教育课程体系中的重要组成部分。在教育部第一期高等学校大学英语青年骨干教师高级研修班上，来自全国 53 所大学的学者和一线教师，共同交流如何建设大学英语课程体系。会上有学者指出，大学英语课程设置应具有两个“三三制”特点：第一是在教学内容上，大学英语应由普通英语、专门用途英语和通识教育类英语三部分组成；第二是在教学定位上，大学英语教学应体现语言的工具性、人文性和专业性三种特征。大学英语教学只有结合人文性与工具性，才能使学生更好地提升英语基础与应用能力。随着现代教育理论的不断更新，应当加深对大学课程设计、教育教学方法的认识，并在此基础上进行改革。此次研修班进一步确立了大学英语兼具工具性和人文性的课程性质和课程定位，进一步强调了大学英语课程体系改革的重要性。

建设大学英语课程体系，目的是充分发掘大学英语课程丰富的人文内涵，真正实现其工具性和人文性的统一，培养学生用英语获得关联学科相关信息的能力，拓宽国际视野，体会多元文化，提升思辨能力，培养学生的人文素养和跨文化交际能力，使学生能在各行各业发挥作用，成为既具有民族意识，又具有国际意识的优秀公民。

第一节 合作模式下的大学专门用途英语课程体系建设

建设基于专门用途英语的大学英语课程体系仅靠学生与教师的力量是无法实现的，这就要求教师与学生、语言教师与专业教师、学校与企业以及国内外院校之间形成多维度的合作关系，共同参与专门用途英语教学，共同解决在语言、专业、教学、实践等方面的各种问题。

一、教师与学生的合作

长期以来，大学英语课堂基本是以教师讲授为主，学生在课堂上的参与度不高，学习较为被动，学习效果事倍功半。而专门用途英语课程是以学生需求为导向的课程，教师应该根据学生学习英语的目的来确定教学内容和教学模式。因此，学生在整个教学环节中的地位必须得到突显，学生与教师之间的互动与合作无论是在课前、课中还是课后，都显得尤为关键。

（一）课前——师生合作备课

叶澜提出的“让课堂焕发出生命活力”并不是要求把教学工作聚焦于课堂上，这种生命活力的焕发来源于课前的充分准备。因此，专门用途英语课程的备课环节亦需要有学生的参与。课前，学生可以把自己对整门课的预期（包括重点、难点和学习方式）汇总给教师，让教师对学生的学习需求有一个大概的了解，并根据汇总信息对授课计划做出调整，调整后的授课计划再反馈给学生，让学生在课前做到心中有数。从情感上来讲，让学生参与备课，是对学生的一种尊重和认同，可以激发学生学习的积极性和主动性。

（二）课中——师生共同参与任务及讨论环节

在当前这样一个知识更新周期越来越短的时代里，无论教师还是学生，都应该不断学习，不断更新自己的知识体系。因此，课堂上教师与学生应该是平等的、共同参与的关系，专门用途英语课程更应如此。因为专门用途英语课程旨在培养学生在特定工作环境下运用英语进行交际的能力，具有显著的实用性和行业特色。能力的培养不是简单的“输入—输出”模式能够实现的，学生需要在师生相互依赖、信任的氛围中，通过面对面促进性的互动，最终将知识内化成能力。

（三）课后——师生共同进行课后反思及教学评价

在一个模块或者一个章节结束后，教师与学生应该就这一部分出现的问题共同反思并总结得失。教师与学生视角的不同会让反思更加全面和细致。

教师与学生的合作应该在教学评价中有所体现，其形式可以包括自我评价、生生互评及师生互评。值得一提的是，传统课堂的课堂评价一般是教师对学生的单向评价，而学生对教师的评价多流于形式。然而，从学生视角评价教师的教学活动，往往会让今后的教学工作更具有目的性和针对性。

二、语言教师与专业教师的合作

专门用途英语的教学质量与教师的职业素养紧密相关，而语言能力过硬、专业知识体系又相对完备的教师还比较少。为了解决这一问题，语言教师与专业教师之间的对话、合作以及分享就成了必然。其实，这种语言教师与专业教师合作的教学模式，在国内外都已有先例。根据国内大学专门用途英语教学现状，语言教师与专业教师的合作可以体现在以下四个方面。

（一）大纲制定

基于专门用途英语的大学英语教学大纲是以培养学生在专业语域下的语言能力为主的大纲。语言教师与专业教师可以结合本校专业特色，共同分析本校学生的学习需求，确定学生的学习目标，并在此基础上共同制定教学大纲。语言教师可以通过查阅学生的专业教材，对该领域的知识形成一个初步的认识，再由专业教师协助确定教学目标、教学内容，设计教学过程，提供参考书目。

（二）教材编写

教材在语言学习和教学的过程中意义重大，可目前大学各专业的专门用途英语教材的质量却是参差不齐，存在很多问题。部分教材一味强调语言的应用，无法满足学生对专业知识的需求；还有的教材虽然重视专业知识体系的建构，但却不符合语言教学的习惯和模式。这就需要教材编写的团队中同时具有语言教师和专业教师，在需求分析、材料选择、任务设计、教学评价等编写环节沟通协作。

（三）合作教学

合作教学，又称“团队教学”或“协同教学”。合作教学指两位或多位教师同时在一个课堂上以合作的方式，就某一单元、某一领域或某一主题联合开展课堂教学活动的一种教学模式。语言教师与专业教师可以在专门用途英语课堂中合作，共同负责一门课程的教学工作，打破传统课堂“一课一师”的教学模式。语言教师与专业教师各有所长，可以让语言技能与专业知识在一堂课中融合和互相补充，让学生的学习视野更加开阔。

（四）课程考核

普通英语测试通常侧重的是语言水平的考核，而在专门用途英语课程考核中，测试内容要与真实情境相关联，不仅测试语言水平，还涉及相关的专业知识。语言教师与专业教师需要共同把握测试的难度，并根据学科的不同特点，以需求分析为导向进行不同方面的评价。

三、学校与企业的合作

专门用途英语课程与特定领域紧密相关，强调了知识的实用性和目的性，因此，学校可以与对口企业联手打造教学平台，在师资培训、共同授课方面建立互惠互利的合作关系。

（一）师资培训

专门用途英语课程的教学目的是培养学生在专业领域的语言意识以及运用英语的能力。因此，专门用途英语课程应由语言教师教授。但是部分语言教师在专业知识上有所欠缺，具有资质的专门用途英语教师的数量严重不足，而这也是国内大学在开设专门用途英语课程时面临的最大难题。所以，学校可以对学习能力强的英语教师进行培训，培训形式除了在校旁听专业课程外，还可以联系相关企业，让教师深入其中，切实了解行业发展需求并学习专业知识。企业协助学校培训教师的模式亦可以多样化，如提供咨询服务（使教师能够及时了解行业发展动态）、专题培训、挂职锻炼等。

（二）共同授课

可以建立校内专门用途英语专职教师与企业兼职教师相结合的授课模式。授课前，校内专门用途英语教师和企业兼职教师在共同商讨的基础上确定学习任务安排、教学计划及考核标准。授课时，在理论教学环节，校内专门用途英语教师起主导作用，企业兼职教师以定期讲座的形式对教学内容进行扩展和补充。在实践环节，企业兼职教师可以起主导作用，并根据学校的教学目标与教学计划提供相应的场地或技术支持。校内专门用途英语教师与企业兼职教师在教学中的合作不要求双方的知识建构在同一层次上，二者在教学理念、知识背景等方面的差异性和互补性使他们的教学不能完全割离，这也正体现了动态合作理论的本质。

四、国内院校与国外院校的合作

2003 年国务院公布的《中华人民共和国中外合作办学条例》指出，中外合作办学是中国教育事业的组成部分，国家鼓励在高等教育、职业教育领域开展中外合作办学，鼓励中国高等教育机构与外国知名的高等教育机构合作办学。2010 年，《国家中长期教育改革和发展规划纲要（2010—2020 年）》中也提出，要进一步扩大教育开放，广泛开展国际合作与教育服务。这两份文件为中外合作开设专门用途英语课程提供了政策上的支持。

从专门用途英语课程的起源来看，专门用途英语这一概念源于西方国家。20 世纪 60 年代后期，韩礼德在其著作中提到了专门用途英语的概念；1969 年，埃威尔和拉托尔出版了《基础科技英语教程》（*A Course in Basic Scientific English*），成为专门用途英语教学的开端。自此之后，有关专门用途英语的论著不断涌现，而且在国外的很多大学和教育机构中，专门用途英语课程构成了母语为非英语者的英语课程主体，课程开发趋于丰富和立体。从这个角度来看，国外专门用途英语教学经验相对丰富，教学体系相对成熟。因此，国内有必要在教学大纲制定、教材编写、课程设置、师资培训等方面向国外借鉴和学习。

当然，国外专门用途英语教学的课程体系虽然完善，但也绝不能照搬照抄。专门用途英语教学的目标就是要满足行业发展及学生个人发展的实际需要，因此，要结合本国、本行业、本校的实际情况，制订切实可行的教学方案。

第二节 分层教学下的大学英语课程体系建设

在高考英语改革和评价手段多元化的大背景下，大学英语改革势在必行。从基础英语教育阶段的通识英语教学过渡到与大学专业课程密切相关的专门用途英语和学术英语教学，大学英语分层教学逐渐成为改革的方向。

一、大学英语分层教学的现状与动因

大学英语课程体系衔接义务教育阶段的通识英语，服务于大学生日益多元的学习需求。总体来说，高中毕业生的听、说、读、写等综合应用能力有了极大的提升，具体体现在升入大学后全国大学英语等级考试的通过率稳步提高。但是，通识英语教育越来越不能满足大学生不断增长的语言习得需求，英语学习已经从基础的语言学习上升为学科工具，许多大学陆续开设了专业英语课程，也引入了专门用途英语。英语教学从语言学习逐渐走向专业课程教学。

在大学英语课程要求中，分层教学、因材施教被纳入大学英语课程的新体系，明确将学术英语、专门用途英语与跨文化交际纳入大学英语的必修内容。这从理论上将大学英语教学与以往的通识教学区别开来。

在英语教育质量提升的内因促动及教育主管部门改革激励的外因作用下，各大学陆

续将分级教学、专业对口列为课程体系建设的新方向。

在具体的实践中，多数大学按照所设学院、专业分别开设了若干课程，以满足英语与专业的对接。此方案的好处是能较容易地对大学生进行自然属性的分类，安排师资、教材等教学资源。此外，还能较好地体现学校的发展方向，保持优势学科的前瞻性，有利于学科的进步。同时，细分的原则使得学科门类齐全，能够促进专业的深度发展。

二、大学英语分层教学课程体系面临的挑战

（一）分层教学对师生的挑战

分层教学是教育多元化的必然选择。各大学的学生英语水平参差不齐，语言学习的动机和态度也大相径庭。根据不同的教学目标和教学效果，大学应按照学生的语言水平、学习积极性、专业发展方向划分不同的类别，并分别安排不同的教学内容，通过不同的教学手段传递知识与信息，输出学习的理念，达到各自的学习目的，努力使学习效果最优化。

在这个过程中，学校需要按照不同的分层合理配置教学资源。在总体师资和软硬件有限的情况下，做到面面俱到较为困难。同时，教师针对不同的授课对象需调整之前“千篇一律”的教学方法，合理有效地安排教学活动，这无疑加大了教师的负担，很容易出现备课内容成倍增加、课时零散杂乱、教学力量严重失衡等现象。

分层教学加大了学生之间的水平分化。原本一致的评价体系在分层教学中受到了极大冲击。在“学与得”中，学生面临“最低要求”“一般要求”，还是“更高要求”的选择困难。同时，面对多元化的教学体系，英语各方面水平不均衡的学生感到了巨大的困难，如何取长补短，脱颖而出，成为分层教学后学生关注的焦点。

此外，在分层教学中如何做到效率与公平的均衡，也是师生面临的巨大挑战。分层教学关注了英语学习的优势与弱势群体，有利于满足优势群体拓展的需求，实现从通识课程向专门用途英语的转变。与此同时，分层教学也兼顾了英语学习弱势群体的基本需求。

在社会对英语这项基本语言技能日益重视的今天，“分层教学、因材施教”无疑是课程体系建设的亮点。如何更加公平合理地对学生进行客观评价，尤其是对两极群体的

表现评价，也对课程体系的建设提出了较高的要求。

（二）分层教学对学校管理的挑战

英语分层教学意味着学校的管理必须改变以往刻板呈现公共课程的做法，将有限的教室、师资等资源合理地配置到课程之中。一方面，这等于加大了分配、决策的难度，想做到精益求精，就要求管理者、教师、学生三方面通力配合，完成正常教学任务。另一方面，在以往的课程体系中，大学英语大多是单向的、同质化的，学生被动接受课程框架，在这个过程中，规划者与接受者之间缺少交流互动。新的课程体系要求决策者在计划刚开始时就满足学生的需求，倾听教学主体的思路，解决分层教学的难题，这一过程始终是动态变化的。分层教学的成功在很大程度上取决于管理者与教师、学生三方的通力配合。

三、分层教学下的大学英语课程体系的调整措施

（一）大学英语动态分层体系的建立

在大学英语课程改革的过程中，多数大学采取了灵活多样的分层体系。

第一，可以根据学生的英语水平，划分出基础班和提高班，以适应不同学生的英语学习水平。这种体系的好处在于可以通过传统的语言测试手段简单快捷地分层，师资配置也较为容易，可以最大限度地保留原有的课程体系的优点，对决策者与管理者来说也较容易接受。

第二，可以按照学生的学习兴趣将教学内容分层，分别侧重于听、说、读、写、译的某个层面，促进学生语言技能的快速提升。这种分层的好处在于密切联系实际、符合学生所需，有利于调动学生的兴趣，提高学习积极性。

第三，可以按照学科发展的趋势，将通识基础课过渡到通识学术课，再进一步延伸至专门用途英语甚至专业英语。这种分层的优点在于，符合递进式的学习特点，充分发

挥大学英语课程的工具性，可以将大学英语从基础课程的限制中解放出去，做到与优势学科的交叉，拓展英语教师的视野，服务学校教研，促进学生的国际化思维，为对外交流打下坚实的基础。

第四，可以按照学习习惯与授课特点的不同，将学生划分为能动型、结合型和接受型等不同的类型，辅以传统教学或者以自主学习为主的学生主体型教学。这种分层的优势在于能够对接学生的日常学习，摆脱教师个人对整个学习过程的消极影响，使学生占据主动，随机应变。

（二）大学英语分层教学课程体系的调整

在分层教学模式下，大学英语在课程体系上必须做出相应的调整。

第一，评价体系的统一与完善。在不分层的情况下，每一个学生在同一课程体系下的表现主要依据主观和客观的标准予以评价，这种评价手段与评价结果容易得到师生的认可。在分层教学条件下，基础、提高、拔优等课程差别应在课程评价中予以体现，做到相对合理和公平。分层教学不意味着“分别教学”，各教学方向还是一个密切相关的整体，因此在评价体系上既要体现分层的差异性，也要坚持整体的一致性，这对课程体系的完善至关重要。

第二，分层教学课程体系必须倾听师生的诉求，尽可能做到课程体系的完备。过多分层意味着教学资源的分流，其结果往往是学生的学习达不到预期效果，而教师也因过多的课程设置疲惫不堪。过少分层意味着牺牲了相当一部分学生的学习需求，这往往会挫伤学生的积极性。统一的授课方式已经不能满足“更高需求”的学生，而基础较差的学生又很难迎头赶上，压力倍增。与此同时，教师也难以在快与慢、难与易、学与教之间灵活调整教学。

第三，分层教学课程体系必须适应国情，立足本校，一切以本校教学资源、师资力量、学科体系为依托，创建有本校特色的大学英语课程体系。在完成通识英语阶段的教学任务后，如何衔接学术英语和专门用途英语，如何融入文化交流的内容，是创建新的课程体系需要解决的问题。

在《大学英语课程教学要求》“分类指导、因材施教”原则的指引下，各大学要积极完善分层教学的方案，设定符合本校的课程教学体系，深化大学英语教学改革，为社会培养高素质的人才。

第三节 大学英语在线课程体系建设

传统的英语教学是以语法、翻译为主的教学模式，该模式以教师讲解为主，学生只能被动地接受知识。这样的课堂气氛沉闷，师生互动少，学生缺乏学习动力和兴趣。时代变迁和社会发展向学校教育提出了新的挑战——现代社会需要的是大批有实践能力的人才。显然，传统的教学模式已经无法满足现代社会对人才的需求。

随着信息技术的发展和在线课程的普及，英语在线课程在大学逐步推广开来，这不仅符合教学模式改革的要求，而且能够提高大学生学习英语的效率。在此过程中，在线课程逐渐凸显出其优越性：不受时空限制，可以反复播放，方便学生随时随地学习。但这对学生自主学习能力的要求较高，即要求学生必须具备较强的自学自控能力。如何推进大学英语在线课程体系的建设，成为大学英语教师应该思考的问题。

一、大学英语在线课程的特点

（一）教学内容特色化

传统的教学受教学资源和教学设施的限制，教学环节简单，教学内容缺乏个性和特色。而在线英语课程摆脱了时间和空间的限制，丰富了教学内容，教师可以根据需要自由选择教学材料，突出教学特色。在线课程的个性化教学内容能够充分满足教师差异化教学的需求。所以，大学英语在线课程既能缓解师资紧张的现状，又能为学生提供灵活方便的学习方式。

（二）视听说一体化

在线课程既有生动形象的课件引导学生学习，又有音频、视频等资料辅助学生理解所学知识。在线课程的多媒体化和信息化呈现方式提供了多样化的教学情境，也提供了更为丰富的学习资源，最大限度地集视听说于一体，丰富了信息表达的形式。

（三）课外辅导全面及时

传统课堂中教师主要通过答疑、批改作业等方式完成辅导，一般在课中或课后进行，这样除不能及时解答学生对知识的疑惑外，还常使教学成果的检测滞后。而在线课程弥补了传统教学的不足，无论是课前、课中还是课后，都可以安排大量的时间让学生参与练习，教师在充分的在线互动中对学生进行辅导。如此，将讲解教学内容和检查教学质量同时进行，有利于学习效率和教学效率的提高。

（四）课堂互动充足

应试教育影响下的传统英语课堂教学一般容量大，以教师输出知识为主，师生间缺乏互动，且不能及时了解和掌握学习效果，学生也感觉枯燥乏味，缺乏学习的欲望。而在线课程作为传统教学的补充，通过在线问答、讨论等方式，充分实现了师生互动，不仅可以延续英语教学的时间，拓展英语教学的内容，同时也方便教师监督学生的学习状态。

二、大学英语在线课程存在的问题

虽然在信息技术的推动下，在线教学已成为各科教学的新手段，但是从目前的实施情况看，大学英语在线课程在推广的过程中依然存在很多问题。

（一）基础设施不足

在线课程对教学设施的要求较高，受学校资金投入的影响，一些学校的教学设施无法满足全部学生的在线学习需要。同时，由于学生人数众多，网络访问量较大，会出现网络中断、下载缓慢等问题。网络问题也会在一定程度上影响学生在线学习的积极性。

（二）教学内容欠缺

目前的在线教学内容主要集中在具有专业性和商业性的语言训练上。大学期间，英语等级考试是衡量学生英语水平的主要方式，成绩的高低对学生的发展有一定的影响。在线课程对英语等级考试方面的内容讲授较少，而这恰恰是大学生最需要学习的内容。另外，目前的大学英语在线课程只是书本内容的简单数字化，教学内容的大众化忽视了教学环节中的情境设置以及活动设计，也忽视了学生的个人兴趣和情感体验。在线课程的内容无法深入体现英语的学科性质及学科特点，这种教学内容上的缺失和偏差也是大学英语在线课程存在的问题之一。

（三）课堂监管不完善

与传统课堂中师生面对面的教学模式相比，在线教学处于一种更为自由、灵活的状态，学生完全依靠自制力完成学习，教师对学生无法实施有效的监管。在线课程教学督导制度是教学质量监控体系的重要组成部分，但目前还没有形成相关的监管办法，在线课堂缺乏有效监管，这就给了学生“投机取巧”的机会，影响了大学英语在线课程的教学质量。

（四）课程建设缺乏明确的目的

目前，我国的在线课程建设是在国家相关政策的推动下逐步展开的，很多学校建设在线课程仅仅是为了通过测验和考核，而不是真正本着“以学生为中心，为学生发展服务”的教学理念进行的，所以大多流于形式。在线课程建设的目的异化使大学英语在线课程暴露出很多问题。部分学校扭曲了课程建设的目的，只为了完成任务而建设，并非为了改革传统大学英语教学模式而建设，这会使大学英语在线课程不能真正缓解传统课堂教学的压力，无法发挥相应的作用。另外，出于竞争的目的，个别学校之间、学院之间、教师之间缺乏教学上的合作，资源共享性差，使大学英语在线课程不仅在内容上出现很多重复，而且缺乏个性和创新，这对学校的网络资源来说是很大的浪费。

（五）缺乏健全的评价与反馈系统

评价和反馈是保障英语在线课程教学质量和效率的重要手段，然而，从目前大学英语在线课程的实施情况来看，在线课程缺乏健全有效的评价和反馈系统，大学英语在线课程的学习效果和效率无法得到保障。首先，从教学评价来看，缺乏对大学英语在线课程开发者的评价机制，没有将在线课程的教学质量纳入具体的考核指标，使课程开发者没有提高课程质量的意识和动力。其次，从学生在线学习的效果来看，缺少具体的跟踪和记录，在课程建设的过程中忽略了学生的意见，使得课程建设脱离学生实际需求，从而无法发挥在线课程的积极作用。

三、推动大学英语在线课程体系建设的措施

英语作为一门对听、说、读、写等能力要求都非常高的学科，仅靠教师的传授和讲解是不够的，学校必须为学生创设训练听、说、读、写的教学环境，准备相应的教学设施。大学英语在线课程必须坚持以学生为中心，才能发挥作用。如何推动大学英语在线课程体系的建设，以下三点非常重要。

（一）坚持以学生为中心，优化课堂结构

目前的大学英语在线课程过于注重形式，而忽略了实质内容。然而，内容才是教学最应该关注的问题，这关系到在线教学的价值观念和价值取向，是大学英语在线课程的根本所在。因此，在大学英语在线课程的建设中必须注重内容的优化设计。大学英语在线课程既要加强对学生听、说、读、写能力的训练和培养，也要兼顾每个学生的接受能力，课程安排必须同时符合大学生身心发展的规律和英语的教育教学规律。只有这样，才能逐步在在线课程的实践中优化英语教学的内容，有利于学生充分利用在线课程提高英语学习效率和质量。

（二）提供适合大学英语在线课程发展的制度环境

优良的规章制度是学校各项工作能够顺利进行的保障，如果失去制度的约束，那么整个教学工作都会变得散乱无序。大学英语在线课程之所以在实施中存在问题，主要原因之一就是学校的教学制度不完善。所以，要保障大学英语在线课程的顺利实施，提高在线教学质量，就必须努力健全大学教学制度。首先，要保障实施大学英语在线课程的人才、技术和设施；其次，要改革和完善相应的考评制度，使其与在线教学的要求一致；最后，要保障学生对在线课程的参与权和评价权。大学的教学制度只有从以上三个方面进行改革和完善，才能创造高效的在线课程实施环境。

（三）树立“以学生为本”的课程建设理念

课程建设理念是指引和支撑学校教学发展的重要因素，作为一种教学思想和教学精神深深融入教学工作的各个环节，课程建设理念会直接影响大学英语教学的形式和方式。因此，在大学英语教学改革中必须首先确立“以学生为本”的课程建设理念，将“为学生学习和发展服务”的理念传输给教学者和管理者，这有利于为大学英语在线教学创造良好的外部环境，有利于在线教学资源向大学英语教学倾斜。上层的教学理念一旦转换成教学制度，就会对大学英语教师与网络技术人员形成外驱力。另外，大学英语在线

课程的开发者是否能够树立“以学生为本”的理念，直接关系到在线教学的形式和质量。所以，要想形成良好的有利于在线课程发展的环境，管理者必须树立“以学生为本”的课程建设理念。

大学英语在线课程体系的建设是紧随教育改革步伐的。在信息技术高速发展的今天，传统的英语教学模式已经无法适应新课改的要求，在线课程已经成为受学校欢迎的教学方式之一。新课改背景下的教师应该积极接受新事物，不断学习，提高自身素质，强化自己的教学能力。教师要认真学习在线教学的操作方法和程序，结合学生的身心发展特点合理安排教学内容，最大程度地满足学生的个性化需求，兼顾每位学生对知识的接受程度，营造良好的大学英语在线教学氛围。

在以后的教育教学活动中，在线教学还需继续开发，创建更有利于学生学习和发展的课程体系。在这个过程中肯定会遇到很多问题，这就需要课程体系的开发者注重在实践中检验课程带来的学习效益，并不断完善和发展大学英语在线课程体系。

第四节 大学英语隐性课程体系建设

隐性课程是显性课程的重要补充和延伸，可以弥补显性课程在时间和空间上的不足。建设大学英语隐性课程体系有利于优化学生的语言学习环境，激发学生的学习动力，并促进英语学科的建设。

一、国外的隐性课程研究

1916 年，美国教育学家杜威指出，学生学习的不只是正规课程，还学到了与正规课程不同的东西，他由此提出了“附带学习”的概念。随后，克伯屈发展了这一思想，对学习过程中自然而然产生的情感价值等进行了进一步的研究，提出了“附学习”的概念。杜威和克伯屈的理论被认为是隐性课程的思想渊源。而“隐性课程”这一概念是由美国教育学家杰克逊在其著作《课堂中的生活》（*Life in Classroom*）中率先提出的，用来定义学校教育中存在于课程之外的、对学生产生影响但未被直接控制的教育因素。

围绕隐性课程这一概念,已经形成了三个相关的理论流派。其一是结构—功能论流派，认为学校是学生能够学到有价值的社会规范和技能的场所，学生通过显性和隐性课程的学习，达到社会化的目的。其二是现象—诠释学流派，它更重视隐性课程在促进学生主体意识觉醒方面的积极作用，认为隐性课程是与个体生活有关的情感方面的学习，具有激发想象力、批判力和创造力的功能。其三是社会批判理论流派，认为各种教育因素中都包含着意识形态信息，体现了不同的道德规范、行为准则和价值观念，对课程与教学进行变革才能实现社会的进步。

二、国内的隐性课程研究

我国对隐性课程的研究始于 20 世纪 80 年代，初期研究主要以介绍性叙述为主。进入 20 世纪 90 年代，国内学者对隐性课程的概念界定、特点、功能及隐性课程与显性课程的关系等方面展开了激烈的探讨，出现了一些新的观点，但主要以理论性思考为主，注重宏观方面的研究。近些年，广大学者达成了诸多共识，例如：隐性课程是相对于显性课程而言的学术概念，二者对立而生，无法独立存在；隐性课程与显性课程是连续统一体，二者兼容而生，相互交织；隐性课程是显性课程的拓展与延伸，是课程内外间接的、内隐的，通过受教育者非特定心理反应发生作用的教育影响因素。但目前在隐性课程的研究上仍存在一些分歧，具体包括：隐性课程是只限于学校教育，还是包括家庭教育和社会教育；隐性课程是完全非计划性的，还是兼具计划性的；隐性课程是完全无意识的，还是兼具意识性的。

三、大学英语隐性课程的分类

隐性课程的研究领域和层面复杂多变，但最具可操作性和最具现实意义的研究应该是对学校教育层面的研究。因此，可以从学校教育的角度出发，将隐性课程做如下分类：

（一）情境性英语隐性课程

此类课程主要体现在第二课堂活动和各种社团活动中。例如开设英语角，举办英语故事会、各类英语竞赛和学术讲座，介绍国内外各种大型的英语考试，让学生编辑英语小报或诗集、收听英语广播、观看英语电影或电视剧等，旨在为学生英语综合能力的提升创设真实的语言环境。

（二）引领性英语隐性课程

此类课程主要体现在教师对学生课内外语言学习的指导上，其途径灵活多样，如师生互动、个别指导等；其形式丰富多彩，例如项目式语言学习的开展，元认知策略的开发和学习策略的培养，观察能力、思维能力、想象能力的培养和提高，语言学习资源的利用，自主学习的管理和评价等。

（三）评价性英语隐性课程

此类课程主要表现为进一步强化“过程性评价”与“终结性评价”相结合的评价方式，具体包括平时成绩的计算、自主学习活动的考核、学业水平的考核、语言运用能力的考核等，能够更加科学、合理地评价学生的语言综合能力，充分调动学生的主观能动性。

四、大学英语隐性课程体系建设的必要性

近年来，尽管国内学者对隐性课程的研究取得了一定的成果，但研究程度和重视程度都不够。关于隐性课程的研究论文甚少，能发表在外语核心期刊上的更是少之又少。国内关于课程理论的著作颇丰，但鲜有著作论及隐性课程体系建设，探讨外语隐性课程体系建设的领域更是空白。此外，目前的研究多停留在理论探讨与假设层面，还没有系统的实践性研究及对实践结果的探讨。因此，隐性课程体系建设的实证研究必然意义非凡。

目前，很多理工科院校为给学生留出自主学习的时间和空间，削减了大学英语教学学时，在这种情况下，大学英语隐性课程体系建设更加具有现实意义。

（一）优化语言学习环境，为学生的语言输入和输出提供有利条件

隐性课程因其隐蔽性、渗透性、弥漫性和长效性等特点，更利于营造语言学习的环境和氛围，其潜在而无形的力量渗透到学校环境、文化氛围、人与人的关系、人与物的关系中，间接而隐蔽地发挥作用，使学生在不知不觉中增强语言学习意识，提高语言应用能力。

（二）激励学生形成融合性学习动机，促进学生的自主学习和终身学习

隐性课程关注学生的学习态度、行为、价值观和社会化取向，注重学生主体意识的觉醒。隐性课程体系的建设可以更好地开发和释放学生的创造力和自控力，有利于培养学生的自我管理意识和自主学习能力，有利于学生的终身学习。

（三）促进英语学科建设

对大学英语隐性课程体系建设的研究将为课程理论研究带来新的观点和思考，为进一步解决英语教学的实质性问题，培养具有英语综合素质的人才提供可借鉴的方法和途

径，为扩展课程研究视野、充实课程内容、提高教学质量提供有效的现实依据。

五、大学英语隐性课程体系建设的研究思路和方法

（一）研究思路

从大学英语显性课程的研究出发，认真研究隐性课程的概念、意义、构建模式和指标体系等。通过显性课程的开发和建设，系统地构建大学英语隐性课程体系，使其以间接、内隐和潜移默化的方式对学生的语言学习、情感和价值观产生引导和激励作用。同时，将显性课程与隐性课程进行协调规划，使其优势互补，进而创造最佳的英语学习环境，在提高学生英语综合能力的同时，推动其自主学习能力和批判性思维能力的提高。

（二）研究方法

具体研究可分为三个阶段。第一阶段为自然观察与个案研究阶段。从描写语言学的角度出发，通过对影响英语教学质量显性因素的直接观察、参与性观察及个案研究，对其中的隐性因素进行分类、归纳和综合，构建大学英语隐性课程的概念体系。第二阶段为隐性课程动态研究阶段，重点放在隐性课程个案分析上，对隐性课程个案的效用评价可采用准实验前测—后测控制组设计法。第三阶段为大学英语隐性课程体系和范式研究阶段，建立系统的隐性课程体系，从而提高大学英语教学质量。

第五节 大学英语口语课程体系建设

近年来，随着我国高等教育的不断改革，人才培养方向也发生了变化，开始由重学术向重实践、重应用的培养方向发展，应用型人才的培养适应了社会发展需要。大学英语教学是我国高等教育的重要组成部分，而英语口语能力不仅是衡量人才能力的重要依据，更是各学科未来发展的基础。但在目前部分大学的大学英语口语课程体系中，学生无法真正用英语交流。因此，推进大学英语口语课程体系的建设是大学英语教学适应社会发展需求的必然要求。

一、我国大学英语口语课程体系存在的问题

（一）教学目标不明确

在大学英语的教学目标定位上，许多大学不能很好地体现“学以致用”的思想。受传统应试教育的影响，学生不能很好地成为学习的主体。在课堂上，学生缺乏英语口语实践训练和听力训练，英语口语能力无法提升。在考核标准上，以笔试分数为主，使学生忽视了英语口语的重要性。培养应用型人才应是大学英语的教学目标，学生的英语口语能力可以间接地反映出大学的教学能力。很多学校在英语口语课程体系的建设上缺乏

创新性，教师的教学方法千篇一律，如小组讨论，讲授单词、语法和复述等，这些教学方法多数是学生厌烦的。因此，在大学英语教学中，应该注重学以致用的理念，让每一个学生都能成为学习的主体。

（二）教学方法缺乏创新性和实践性

大学应该以培养学生的实践能力为目标，结合社会的生产发展、学生的爱好和关注点进行教学。目前的大学英语口语教学很难培养学生的英语思维模式，提高学生的英语交际能力和沟通能力。在英语教学模式上，许多教师无法为学生创造真实的语言环境，使学生缺乏实践训练。受传统教学内容的影响，大学英语一直是非英语专业学生的必修课程，教授学生英语基础知识，无法体现出实践性和应用性。随着我国教育的快速发展，多数学生在小学就接触到了英语课程，经过初中和高中的积累与实践，已经能够很好地掌握英语的基础知识，因此大学应该更注重提升学生的英语口语技能，针对不同水平的学生进行分层教学，让不同水平的学生根据自己的英语能力选择适合自己发展的英语环境。大学教育的目标是为社会培养实践应用型人才，但在英语口语的课程体系中，学生缺乏真实的交流，无法真正检测自己的英语口语能力。

（三）英语口语评估体系不完善

英语作为一门语言学科，在社会实践中更加注重听和说。在大学英语口语测试中，测试简单化，不能很好地展示学生真实的英语口语水平。英语口语是学生表达思想和进行交际的重要依据，要想准确测试英语口语表达能力，每个人至少要花费 20 分钟时间去接受测试，而测试全体学生口语能力的时间是学校和教师无法给予的，因此，必须有一套完整的大学英语口语评估体系。受传统教育的影响，英语口语一直未能被学生重视，但其实口语是语言学习不可或缺的部分。现行的考试制度中，口语测试仅占整个英语测试的一小部分。换句话说，英语口语测试仍然未被重视，评估体系缺乏独立性和创造性，无法检测出学生真实的英语口语能力，导致学生无法获得及时的、针对性强的反馈。

（四）缺乏自主学习平台

随着网络的不断发展，互联网技术已被应用到各个领域，但在大学英语口语的学习中，仍然缺少相关的自主学习平台。部分教师教学内容枯燥，学生在上课时只是单纯地听讲，整个课堂很少有交流，久而久之，学生就会对英语产生厌烦心理。在课外，由于缺少自主学习平台，所以学生无法利用课外时间进行英语口语训练。

二、大学英语口语课程体系的建设方法

口语是语言学习的重要内容，英语口语能力直接反映学生的英语实践能力，因此，加强大学英语口语课程体系的建设，是发展大学生英语口语能力的必然选择。

（一）明确教学目标，优化教学内容

近年来，国家越来越重视大学生实践能力的培养，而英语作为各学科长远发展的重要基础，有着不可忽视的地位。在大学英语口语的教学中，教师应该做到以学生为主体，不过于注重理论知识，而是加强学生的口语训练，如积极组织英语实践能力大赛，邀请留学生参与比赛等，这样既能提高学生的积极性，又能在交际中提高学生的英语口语能力。在课堂上，教师应做到以学生为主体，扮演好参与者和辅导者的角色，积极锻炼学生的口语能力。不仅如此，还可以邀请外籍教师进行英语教学，加强学生的英语口语训练，提升学生的英语口语水平。

（二）引进先进的教学方法，提高学生的口语水平

传统的教学方法过于单调，无法激发学生学习的积极性，在大学英语口语教学中，教师应该积极引进先进的教学方法，提高学生的口语能力。在教学方式上，可以邀请外

籍教师授课，一方面能激起学生的听说兴趣，另一方面能改善学生的英语发音，提高学生的英语学习效率。

（三）建立完善的口语评估体系

为培养实践型人才，大学应该建立完善的英语口语评估体系。英语口语评估体系的建设是学生完成大学英语学习的保障，也是一个复杂的过程，需要教师运用丰富的教学经验，结合学生专业的未来就业情况，建设能够准确测试学生口语水平的评估体系。

（四）建立自主学习平台，完善口语课程体系建设

英语口语自主学习平台可以作为学生口语能力训练的辅助和延伸，帮助学生在课余时间提高英语口语水平，训练口语技巧，提高英语沟通能力。

第四章 大学英语听说教学模式创新

第一节 “仿说”下的大学英语听说教学模式

由于经济的蓬勃发展和国际交流的日益频繁，对大学生英语实践运用能力的需求也在逐渐增加。当前，在全国高等院校中，一般非英语专业学生的听、说能力较读、写能力更单薄，反映在实际中，就是存在“不会说、不喜欢说、说不好”的问题。因此，探索提高学生口语表达能力的课堂教学新路径已变成大学英语听说教学的研究重心和发展趋势。“仿说”作为全新的听说教学方法，既能促进学生了解英语，提高英语学习能力，又能使学生具备用英语交流所需要的话语形态，紧密结合了基于建构主义的学习理论及二语习得教学过程中的基础规律。

一、“仿说”模式的形成

在传统的英语听说教学中，教师们通常采取自上而下的教学模式，体现为以教师为中心。例如，在听说课上，教师播放录音材料，学生根据题目做简单练习，随后教师进行讲解，结束后回放录音材料；而另一个比较常见的方法是，教师在课堂放映大量英文影视片段，逐渐提起学生对影视剧情节的兴趣，从而提高学生对英文对话的关注，以此达到培养学生听说能力的目的。

经过测评和反馈，可以发现上述“听”的教学模式存在问题。第一种方式会让学生在整个“听”的流程中陷入被动，精神紧张，对上“听”课的积极性不高。此方式会使听力教学变为听力测试，而学生也会因此误以为回答准确率高就是听力水平高，不利于训练学生的英语实践运用能力。第二种方式则是教师将传统听说教学课变为电影欣赏课，虽然学生对观看影片很有兴趣，但是由于学生的注意力主要集中在影片的情节发展上，所以如果教师不能及时对电影中出现的语言现象和文化难点进行介绍，学生所获得的有效语言输入就会很少，而且不利于语言信号的传递，最后出现课难讲的局面。由此可见，传统的听说课程教学方法往往强调“听”，而缺乏对“说”的培养。要改变这种情况，需要在教学上有新的尝试，探索新的教学模式，扬长避短，切实培养学生的“听说”才能。

“仿说”教学模式则是改变“听多说少，听说脱节”的有效途径。所谓仿说，是指“有指导的”谈话：先给定一个示范谈话，让学生了解表现一种交际功能或者表现特定主题所需要的话语形态，进而需要学生模仿示范谈话中的用语，然后组织运用相关信息进行表述。此处所说的“相关信息”可分成两类，一类是跟谈话者本身或谈话情景相关的现实信息，可看作是现实交流；另一类是课堂给出的假想信息，即模拟交际。这样的仿说练习能够让学生逐渐树立用英文交谈的自信，发展学生用英文表达自己思想的能力，进而培养学生讲地道而得体的英文的能力。

由此可见，“仿说”教学模式强调的是由教师指导，让学生有效参加的、有目的的自主教学。这种强调以学生为核心的教学模式，符合建构主义理论和二语习得理论的基本思想。

二、“仿说”模式下的建构主义学习背景

建构主义学习观念认为，教学是获得知识的过程，但学生的科学知识并非由教师传递而获得，而是在特定的教学情境或社会文化背景下，通过其他人（包含教师和学业同伴）的帮助，或使用必需的教学信息资源，经由意义建立的方法所取得的。因为教学是在特定的情况或社会文化背景下，借助他人帮助或进行人际合作进行的，所以建构主义理论特别重视“情境”“合作”“会话”“意义结构”四个重要因素在教学中产生的影响。建构主义教学论认为，语言教学环境中的“情境”实际是指教师给学习者提供的话

语交流活动，这种活动比现实情境更具体，其目的是让语言学习者在这样的自然环境和语言活动中进行意义建构。仿说模式采用听力训练的方式，对一段谈话内容进行演示，使学生了解语言的某种交际功能和表述特定主题时所需要的话语方式，并通过模拟，组织和运用相关信息表达出来。这当中无论现实的还是虚构的信息，均与学生所指的“情境”相符，给学习者创造了交际情境，让学习者能够在不同的情境中掌握语言并运用。

仿说的教学方法中提出的“有引导的”话语，一般是指教师在整体教学过程中要发挥领导者的功能，按照内容和时间指导学生学习语言活动，同时也通过必要的示范，推动学生语言认知的形成。建构主义学习环境的基石是交流与协助。学生根据教师给出的示例进行分析，在课堂上指出问题，并大胆使用示范性的话语表现形式，积极地投入到情境中。在仿说的教学过程中，学生之间进行会话，讨论和演示教学内容，共同完成学习任务，这是“协同”和“会话”的教学过程。“会话”是合作学习过程中的重要环节，也是实现“含义建立”的主要手段。仿说模式的目标也在于学习者的“含义建立”。仿说的教学方法贯彻了建构主义的基本原则，重视使用者的能力和参与程度。仿说教学模式遵循了建构主义教育论中的主张，即在教育者指导下的，以学生为中心的教育。也就是说，既重视学生的认识主体含义，也不可漠视教师的指导含义，教师只不过是意义建构的协助者和推进者，并非意识的传达者和灌输者。学生是信息加工的市场主体，是社会意义的主动建设者，但并非受外部影响的被动受众和被灌输的对象。

三、“仿说”模式下的二语习得理念

语言学家克拉申于 20 世纪 80 年代给出了经典的二语形成模型——“监察模型”，其包含了五大假说，即习得假说、自然顺序假说、监控假说、输入假说和情感过滤假说。其中，输入假说解答了学生如何习得言语的问题。克拉申还指出，如果仅仅主张语言输入是不足的，学习者需要的是“可理解性输入”，克拉申将“可理解性输入”界定为学习者所获得的能够了解的语音材料，而这些材料的难度应当稍微超过学习者目前的水平。他还特别强调，只有那些进行交流和寻求资讯的语言才可以成为语言学习的输入。以语言学习为目的的语言输入，必须是人类能够理解的语言输入，因为难以掌握的输入对口语习得是毫无意义的。在仿说的课堂模式中，教师通过指导性谈话和示范性谈话，使学生了解表现某种交际能力和表现某种主题所需要的话语方式。这种会话式的语句输入方式将重点面向学生群体，通过教师引导和支持学生接触尽可能多的可认知的语音材料，使学生成为与对话有关的一方，从而了解对话，并对语音输入产生反应，既利于学生得到更有意义的使用内容，也利于学生第二语言的习得。

胡壮麟等人认为，为了充分发挥习得的功能，学校应积极鼓励学生多到使用英文的场所中去，勇于开口。这就要求学生把“话语投入”转化为“话语产出”。话语产出通常是指一些有交际目的话语的产出。也就是说，话语产出是学生自己生成表达某种意义的话语。语言输出的前提首先是语言的输入，而要更高效地实现语言的输出则需要加强语言输入。口语材料的积累是一个不断刺激、不断提高的过程。在仿说的教学模式中，学生往往借助模仿来学会表现一定交际能力或表现某种题材所需要的话语形态。当然，模仿练习也始终与重复训练紧密关联。重复的目的主要是记住和积累某一题材所需要的口语形式，从而提高流畅程度，并训练语感。虽然模仿要求不断重复，但这并不是简单的重复，因为学生不只是重复内容，还在重复中找到不足，从而引发对自己口语问题的重视，然后自我修正，以便流利、正确地使用所需要的口语形式，达到模仿的最终目标——将模仿的内容变为自身的东西。如此，可以有效地培养学生的口语交流能力。

四、“仿说”模式在英语听说课中的具体运用

按照教学大纲对学生英语听说能力在各个阶段的等级界定，下面以某校大学英语教学规划为例，阐述将“仿说”教学引入听说课程的方法，期望可以真正培养学生的英语听力能力、理解能力以及开口讲英语的能力。

该校使用的教材是上海外语教育出版社出版的《新世纪大学英语视听说教程》。该教材每册共有八个单元，每单元均有一个主题，围绕着特定的语言交流功能进行设计。下面将以《新世纪大学英语视听说教程 3》的第一单元为例，进行“仿说”模式的教学设计。

（一）基本词汇“输入”与“输出”

该课程的第一个单元，Lesson A 中列出了词组，首先采用词组配合的结构形式补充该单元主旨和交流功用必需的字词，这正是体现交流功用的话语手段。这个语块的结构形式具备相当的形成性，能成批地产生若干个同类短语，创造了巨大的“话语输入”，为“话语产出”“开口说”奠定了基础。为使学生更好地学习并运用这些词组，教师按照教材中给出的各种情景图，让学生利用语块，通过看图说话实现“话语产出”。

（二）听的练习与说的练习相结合

引导学生听关于“旅途前的准备”的听力材料，为减少理解困难，课文中涉及的专有名词、历史背景等知识点均会放在 Language Notes 和 Culture Link 里加以说明，使学生融入真实语境。与旅途前的准备有关的语块知识点，是为二语学习增加大量“可理解性输入”，也为“说”增加了大量的资讯。在之后的说的训练中，由教师给出表现某一交际功能时所需要的口语手段，训练内容主要为预构成的语块，但需要学生熟练掌握，最好可以背诵。学生通过教师给出的一些示范对话，完成仿说训练，教师还同时给出训练用的相关信息，使学生可以通过模仿对话中的词汇、结合有关的信息开口说英语，实现用英语交谈。

（三）交际练习

口语的特点是话语互动并达到正确的交流目的。训练学生说话的能力要由浅入深、循序渐进，学生应该先模仿说话范本，然后开始仿说，再逐渐转换到使用熟悉的表达手法。在做完上述两项听说训练以后，为提高学生“说”的能力，教师再根据教材将相关的内容进一步扩展，给出几种场景，学生经过交谈、分组活动、角色扮演等，实现交流，达成既定的交流目的。例如本单元设计了关于“独自一人旅行”“野外露营所需用具”“三天自助游手册”等情境教学内容，使学生在比较实际的环境中实现了口语交际。同时，教材也配有相应教学内容的听力补充材料。

经过对有关语言理论的剖析，“仿说”教学模式已被广泛运用于非英语专业的听说课中，激起了学生对听说能力训练的浓厚兴趣。学生以小组为单位自主参与“仿说”议题的探讨和剖析，在训练听说能力的同时也大大提高了学习的主动性。尽管“仿说”力量尚不能等同于自我表述的力量，但它已足够使学生树立起用英语表达、交流的自信，进一步提高说地道且得体的英语的能力。从教师的角度来说，还需要在“仿说”课程实施的过程中进一步摸索，并在客观评价、反馈的基础上不断创新。

第二节 建构主义理论下的大学英语听说教学模式

教育部在 2007 年出台的《大学英语课程教学要求》中明确指出，大学英语教学的任务是训练学生的英文整体综合性运用能力，尤其是听说能力，使学生在今后实际工作和社会交际中能用英文有效完成口头和书面形式的沟通，并且加强自主学习能力，提升整体综合性文化水平与素养，以满足我国社会发展和国际交流的需求。传统的大学英语教学忽略了提高学生听说和交流能力的要求，长期以来限制着我国大学英语专业的改革与发展，也不利于调动学生的英语学习兴趣及提高学生群体的英语运用能力。所以，学校的英语教学应该把重心落在培养学生听说能力方面，而教师在和学生交流的过程中如何运用多元化的教学方式也至关重要。教师应基于建构主义理论，将培养学生的自主学习能力作为培养英语听说能力的关键。

一、建构主义理论研究

心理学家皮亚杰提倡建构主义理论，认为语言认识是以主体现有的语言认识与经历为基础的自主建构。建构主义教育观是对传统教育观的批判与发展，指出语言教学过程不仅受外部各种因素的影响，也受学生自身的认知模式、学习动机、情感、价值观等的影响，但这种影响恰恰被传统教育观所忽视。在大学的英语学习中，不少学生为了学习英语而花费大量的时间，甚至超出了其他专业语言的学习时间，却收效甚微。而在建构主义教育观与教学观中，学生在某种程度上背离了传统语言教学的基本规律，并在自主学习、情景交际和互动中出现了很多认知上的“误区”。教师将建构主义理论运用在学生英语听说能力的训练中，让学生学会主动学习和探究学习，创新练习方式，培养学生的听说能力。

建构主义的学习观念：

（1）每位学生的建构过程都是多样化的。

（2）教学是在建立流程，学生需要自主、有选择地接收外在信息，同时需要考虑先前的认知结构问题，学生不都是被动地接收外在信息。

（3）建构过程是双向的。一方面，先前事件在使用时不能从记忆里获得，只能在具体实例的变异上建立；另一方面，学生可以通过运用先前的认知经验来建立当前事件的意义，并超越过去的信息。

在大学英语的听说课程中，由于口语训练多以重复的方式进行，训练很容易变成机械重复或文字的吟诵。而在课后最难进行的，便是话语互动与交换。学生必须利用积极的英语练习完成话语建立，而非死记硬背；在自然的话语交换中，教师与学生之间应积极展开口语互动。口语练习的全过程是学生利用交流活动对所学的话语进行积累和检测。在多样性、主动性和双向性的学习观中的所有建构主义学习，都可以统一运用在学生的自主学习与沟通上。英语教学中的所有书面和口头话语互动，都是在对学生的英语综合能力进行训练，同时也是学生积极建立话语的开始，会产生较好的话语学习效果。

二、新建构主义理论在听说课程中的运用

首先，应把建构主义理论运用于英语的听说与情境教学。建构主义学习理论指出“情境”“合作”“会话”和“意义构成”是教学环境中的四个要素。但是目前，大部分学生的英语学习都是通过读和讲完成的，并没有在相应的教学情境中沟通和合作，导致整

个英语学习过程完全背离了建构主义理论的学习观念，也完全背离了人对语言的基本理解规则。而建构主义的情境学习观指出：在认知观念上，建构主义理论重视认识的动态性；在学习观上，建构主义理论和以往的学习理论相比，一大明显特征就是情境化教学。

其次，现实情境中的话语互动与传统教学中的口语教学活动之间存在巨大差异。传统课堂中的口语互动教学主要是一些机械的操练和模拟，学生受到严格控制，而现实生活中的交流，尤其是包含语言、文化、沟通策略等的交流，更能促进学生的口语习得。建构主义认为，学校是指学习者能够进行自主探究和自主学习的场地，而学习者也在此环境中通过充分运用各类开发工具和各种资源（如文本物料、音像参考资料、多媒体教学课程或者网络上的资讯等）来达成自身的学习目标。

综上所述，建构主义理论下的语言教学重视个体由自我经验开始对事件进行主体认知与意义建构，注重教师的教学过程和学生感知能力的训练，反对现有认知的单一传递，要求教师为学生提供真实的口语情境，使学生在合作学习的环境中积极建立新认知。在口语教学过程中，教师提出相应的问题以引发学生反思与探究，激励与引导学生修正错误认知，指导学生在平时强化口语输入，积淀口语知识，打好坚实的口语基础，从而学以致用。

第三节 语类理论下的大学英语听说教学模式

《大学英语课程教学要求》（以下简称《要求》）中明确提出：“大学英语是以外语教学理论为指导，以英语语言知识与应用技能、跨文化交际和学习策略为主要内容，并集多种教学模式和教学手段为一体的教学体系。大学英语的教学目标是培养学生的英语综合应用能力，特别是听说能力，使他们在今后学习、工作和社会交往中能用英语有效地进行交际，同时增强其自主学习能力，提高综合文化素养，以适应我国社会发展和国际交流的需要。”新的课程要求重点在如下几方面：①大学英语要以现代外语教学理论为指导；②强调多种教学模式与现代教学手段的融合；③特别强调学生听说能力的培养；④重视学生自主学习能力的培养。可见，大学英语教学受到了前所未有的挑战。《要求》实施后，大学英语教材做出了修改，加大了听说课程内容的比例，尤其是口语内容。同时，许多院校相继成立网络自主学习中心，以适应个性化教学的需要，教学硬件有了快速发展；许多院校的外语教学法也纷纷做出了相应的调整。可见，探索适合新时期的“集多种教学模式和教学手段为一体的教学体系”是当前大学英语教学所面对的全新课题。下面将从系统功能语言学的语类理论入手，探讨如何建立大学英语听说教学的新模式，并具体研究怎样按照新的课程要求来设计听说课堂的教学。

一、系统功能语言学的教育思想与语类理论

语言学对语言教学有一定的影响已成为学界共识。韩礼德提出，他创立并发展系统功能语言学的宗旨是“教育式的”，实践证明，范畴语法和系统功能语法已经对外语教学产生了深刻的影响，直接或间接地促进了很多理论和教学模式的诞生，如交际教学法、特殊用途英语教学法、体裁教学法等。在韩礼德的语言教学思想中，外语教学最佳的模式应当是综合性的以培养学生“意义潜势”为首的教学模式。

语言学对语言教学的主要贡献是为教学提供了语言描述。在语言描述方面，系统功能语言学把语言看成是一个系统网络、一种资源、一种意义潜势，谈话者的话语交流过程正是不断地在语言系统中做出抉择的过程，而成功的话语交流必须考虑语言表述的社会环境，并同语言的文化环境和语境紧密结合，从而选出最适宜的语言。系统功能语言学的教育观认为，语言教学的根本目标在于发挥学生的“意义潜势”，就是要发挥学生在一定环境中选用最合适的语言形式表达含义的能力，而语类教学目标便是其中最关键的教学目标之一。

语类理论是系统功能语言学的主要部分，语类与语域是研究语类理论的两个主要范畴。哈桑把语类界定为语篇的类型，而马丁则主张语类是一个有步骤的、有目标导向的社会发展过程。韩礼德主张语域是构成语篇主要含义的三种情景变量，这三种变量是语篇的语言范围、语言基调和语言方式。韩礼德和哈桑把语类与语域看成同一个层面，都属于意义层面，是一种意义结构，与语境结构相对应。马丁把语类与语域视为两种层面，

语类与人文语境有关，而语域则与情景语境有关。语类与语域同为社会符号体系，均由语言来表达，具体来说，就是语类由语域来表达，而语域则由语言来表达。语域是从语言元功能的角度来考察话语环境、反映语域三变量被选择的过程；而语类则是一种说明，跨越了任意一种元功能，从文化语境的角度来整体探讨和说明某一语类语篇的交际目标及其动因，同时语类结构又是体现语篇语义连贯的关键条件。由马丁的语类理论发展起来的写作教学方法影响巨大，它帮助教学者有效地制定课堂写作教学程序，马丁的写作教学方法分为四大阶段：建立场认知、将语篇模式化、共同创建语篇内容和单独创建语篇内容。建立场认知，指的是建立对与主题有关的各方面的人文与社会语境的认知；将语篇模式化，指的是对语篇的语类结构进行分析；共同创建语篇内容，指的是由教师协助学生创建一个和语类样本结构相似的语篇内容；单独创建语篇内容，指的是由学生自己进行语篇写作。在语篇内容分析环节，马丁提出了“观念形态—语类—语域—语言”分析模型，并强调了多形式的语篇内容分析，主要涉及人文语境、情景语境和单词语法。在语类和语域的分析方面，马丁的分析模型更适于研究书面语篇，尤其是文学类语篇；哈桑提出的语类结构潜势理论，则更适用于分析相对稳定的、高度程式化的应用型语篇，包括口语语篇。语类结构潜势理论指出，语类结构潜势中含有必要成分、可选择成分和重复成分，语类是由必要成分及其排列顺序决定的。

十几年间，系统功能语言学派语类理论指导下的新教学方式被普遍应用于以英语为基础的外语写作教学中，并获得了可喜的成绩。尽管如此，将基于语类的教学方式同时应用于母语和外语听说教学的仍不多见，因为母语的听说教学在教学里的重要性远低于阅读和写作，但听说技能在外语教学中的地位却十分重要。所以，语类理论在听说教学中的指导作用仍然需要引起充分的重视。

二、语类理论下的听说教学模式的构建

听力教学与口语教学是完全不同的两种语言教学活动。听力教学是输入性语言教学活动，是解码学习过程；口语教学则是输出性语言教学活动，是编码学习过程。听与说是双方的语言交流过程，关联密切。不论是语言输入还是语言输出，都必须注意语言产生的环境，若能对实现交流目的的语篇在文化语境、情景语境和词汇语句的选择等方面

有意识地加以训练，会极大地提高学生对语篇交流结果的预测能力，进而有效提升学习效率和学习质量。

经过长期的课堂教学实践，研究人员发现，根据语类理论建立的听说教学方式有它自身的优点，主要表现在：（1）语言理论知识指导性较强，教学模式富有实践性；（2）听说兼顾，相互促进；（3）有利于充分调动和培养学生的学习积极性与合作精神；（4）有利于锻炼学生的自主学习能力；（5）满足学生个性化学习需要，从而养成良好的学习习惯。

根据语类理论建立的听说教学模式只是听说教学模式中可选择的一种模式，它更适合主题性较强的语篇教学。在听说类课程中，会存在部分话语实用性不强、语类结构松散和内容随意性强的情况，从语类的视角很难掌握这些内容的构成与内涵，所以，以语类理论为基础的教学模式并不适宜指导这样的教学任务。

第四节 混合式教学下的大学英语听说教学模式

在当今教育信息化与信息技术快速发展的时代背景下，我国的高等教育正经历着一次系统性改革。教育信息化大大提高了学校的教学资源供给水平，推动了优秀教学资源的有效开放和共享。下面将通过系统分析教育信息化对大学英语听说教学改革所产生的深远影响，深入探讨线上线下混合式教学模式的优缺点，并对混合式教学模式在大学英语听说教学中的实际运用展开探索与研讨。

2017 年 1 月，教育部印发了《2017 年教育信息化工作重点》，明确建立“网络化、数字化、个性化、终身化”的教育体系，发挥教育信息化对教育现代化发展的支撑和引领作用，建设“人人皆学、处处能学、时时可学”的学习型社会。教育信息化极大地改善了教学资源供应服务，有效推动了优质教学资源的共享，在给教学改革提供全新发展机遇的同时，也提出了重大挑战。作为大学的必修课，大学英语听说课程也同样面临着挑战。高等教育的信息化为大学英语听说教学改革提供了什么发展契机？大学英语听说教学应当怎样进行改革？怎样的教学方法可以促进信息技术和教学的深入融合？这些问题都对大学英语听说教学改革起着推动作用。

一、教育信息化背景下的大学英语听说教学

大学英语听说教学是大学英语课程体系的主要部分。和其他课程一样，在传统教学背景下的许多大学英语听说课程因为受到客观条件的制约，较难实现对学生群体思维、交流与沟通能力的有效提高。如今，具有多年的英语学习经历但听说能力较差、表达与沟通困难的学生比比皆是。

随着人工智能、大数据分析等新技术的发展，智能环境也开始逐渐深入人们的日常生活，并逐渐影响着教育生态。教育信息化为正处在困境中的大学英语听说教学提供了发展契机。首先，移动技术的便捷性、灵活性彻底突破了传统课堂的空间和时间限制，把教师和学生推向了更广阔的教育资源平台和学习平台，为外语教学与学习创造了更加便捷的外部条件。英语学习可以无时不在、无处不在，这种泛在式学习极大地提高了课堂质量和学习效率。其次，以慕课为代表的在线教育网络平台，大量集翻译、批改、测评于一身的线上教学辅助软件，以及各具特色的外语教育服务平台实现了教育的多维化，在大大提高教学质量的同时，达到了在英语听说教学过程中进行文化拓展与训练学生思辨能力的目标。最后，教育信息化为多模态教学的导入提供了全面的支持。在信息化教学中，各种符号模态（如音乐、图像、语言等）的综合使用，给学生创造了更丰富的外在刺激，从而创造了良好的口语习得环境，更加契合外语教学的本质规律。所以，在教育信息化背景下进行大学英语听说教学改革也是顺时而动，势在必行。

二、大学英语听说教学中的混合式教学模式

混合式教学模式，是指学校在“互联网＋”大背景下，利用网上的教学资源，将“线上授课”的新方式和“线下授课”的传统教学模式有机融合所产生的全新的教学方法。混合式教学既代表着先进的教育理念，又反映着对教与学本质的回归，满足了当前教育信息化对大学英语听说教学提出的要求。在当前教育信息化背景下，混合式教学模式为大学在英语听说课堂中一直面临的困境指明了出路。混合式教学模式综合了“线上”与“线下”课堂的优点，有效促进了大学英语听说教学的改革。

（一）线上优质资源的共享与翻转课堂

近年来，不少知名院校相继上传了网络教学资源，优质英语教学资源的线上共享，为大学英语听说教学提供了强大的保障。以国内的慕课平台为例，仅这一网络教学平台就为国内的广大外语学习者提供了由名校外语师资队伍所提供的近二百门课程，教学内容包括语言技术、社会文化等多方面，以满足广大学习者的需要。不管是从师资力量还是教学、研究手段上，线上的优质教学资源均为大学英语听说课程提供了强大的资源保障。线上优质教学资源的共享，为大学英语听说课程的翻转教学提供了有利条件。教师可利用互联网环境拟订教学计划和目标，发布教学任务，让学生可以独立进行基础知识学习与听说技巧练习。翻转课堂集合了学生的有效学习时间，通过更加灵活的教学方法，让学生语言的“输入—输出”流程达到个性化，从而弥补了传统听说课程在教学进度方面的不足，更加符合英语语言学习规律，帮助学生提升英语听说能力。

（二）移动学习设备的使用与泛在式学习

和传统课堂的面对面教学不同，移动学习设备突破了时间与空间的限制，为泛在式学习创造了条件。具备便利性的移动学习设备在教育信息化时代已成为学习者的主要学

习工具。移动技术的多媒体特点使文字、音频、视频等各种形态得到有机融合，多模态的输入方式使英语听说练习的准确性与有效性得到提升。线上测试、人机对话等信息技术的广泛运用则为学习者提供了传统教学手段之外的引导和评估方式，在情感上更有利于学习者克服恐惧心理、建立学习信心、提升元认知水平和沟通能力。移动设备辅助下的泛在式学习可以有效提高英语听说教学效率，为教师进行面授教学提供有力保障。

（三）教师线下教学与课堂管理

在混合式教学模式中，原有的教师面授环节仍是难以替代的。移动设备支持下的慕课、微课等平台教学和翻转课堂教学模式唯有在教师的科学引导和合理辅助下，方能产生良好的教学效果。在大学英语听说教学的线下课堂中，教师需要科学合理地设计与布置混合式教学，使之融入整个教学流程，实现课堂教学质量与效率的最优化。首先，教师应该清楚英语听说课程的基础知识和目标，并严格按照课程目标筛选和设计教学内容。其次，教师应该掌握好线上与线下教学的平衡。所谓混合式教学，是指学生在教师科学引导下的交互式学习和主动学习，而不是学生漫无目的的自学。在线上线下混合式教学中，教师在制订教学计划、分配课堂时段、设定课堂任务、安排教学活动、开展课堂评价等方面都需要更合理、更严密，以保障良好的教学秩序。在教学过程中，一旦教师失去了对以上任何一环的控制，课堂教学势必失衡，直接对教学质量与效果造成影响。另外，教师也应该适度转换角色。教师必须循序渐进地引导和促进学生提高英语学习兴趣、改善学习方法、提高元认知能力，进行自主学习和合作学习，这一过程学生应该一直处在教师的监督与帮助之下。同时，教师还应该经常对学生的学习状态进行评估与引导，以确保教学方向不出现偏离。

构建“互联网＋教育”大平台，构建“互联网＋”条件下的人才培养新模式，全方位提高教师信息素养，发展基于互联网的教育服务新模式，这是教育信息化的基本目标。教育信息化背景下的大学英语听说教学改革需要严格遵循语言教学规律和社会发展规律。教授大学英语听说课程的教师在提高学科素养的同时，也必须不断更新教学理念，始终保持自身的教学技能与信息素养与时俱进，发挥混合式教学模式的优势，给大学英语听说教学注入更强大的生命力。

第五章 大数据时代下的大学英语教学创新

第一节 大数据时代下的大学英语听力教学

大数据时代为传统的大学英语课堂带来了全新的冲击，对英语专业的人才培养标准与规模提出了全新要求，同时也给大学英语听力教学新模式的形成带来了全新的发展机遇。所以，大学英语听力教学改革应当抓住这一机遇，紧跟时代发展所带来的最新需求，积极探索建设大数据时代大学英语听力教学模式的新思维，顺应时代发展的需求，逐步重构大学英语听力教学模型，努力培养出适应大数据时代需要的复合型、应用型英语专业人才。

互联网的快速发展和应用以及新型媒介的产生，使人们走向了崭新的大数据时代。在大数据时代，信息技术和教学手段的深入融合为外语教学带来了系统性变革，对教师角色、学生角色、学习材料、学习环境乃至教学评估方法等产生了重大影响。可见，在大数据时代，社会的发展将加速，同时也不可避免地影响着我国的外语教学。传统的外语教学主要强调学生使用外语与他人进行语言交流的技巧，但是在大数据时代背景下，要求新型人才利用大数据分析技术，去预见特定领域的发展趋势，或者特定人群的行为倾向。本节以大数据时代为背景，对英语听力教学中重新筛选语料，更新教学模式，建构新型师生关系，健全新型考评体系等方面进行研究，以期对重构大学英语听力教学模式提供参考。

一、重新筛选听力语料

一直以来，片面强调学生对单词的敏感性、对语速变化的适应性，以及对某一小段语言的掌握，被看作低效率的教学方法，但这仍是如今很多学校听力教学的基础。现在要倡导的就是在这个基础框架里填补新的内容，同时也尽力拓展新的含义。首先，所谓“填补新的内容”，便是重新筛选语料。在以往实施任务式教学的过程中，教师需要学生能够听懂某些特殊情境下的对话信息，然后模仿听到的内容，如用外语问路、购物。不过，根据现实的状况，人们即使身处异国他乡，也能够通过一部智能手机完成上述任务。由此可见，教师安排给学生的任务很可能是过时的。所以，从实际的社会生活入手，筛选新语料，改变信息的输入内容，是新时期外语教学最迫切的工作。高质量的语言资料才有助于学生理解目的语国家人们的真实生活状况。其次，所谓“拓展新的含义”，需要师生都跳出语言学习的局限，以多种视角寻求解题的正确路径。为了运用外语，还可以使用各类工具，引导学生认识目的语国家人们是怎样开展社会活动的。同时，教师还可以适时给出某些信息，帮助学生开阔视野，利用网络上的各类共享资源进行探究性学习。

二、更新教学模式

传统的教学模式注重让学生听懂对话中的重要信息，重点内容一般集中在人物、时间、地点、起因、经过、结果上，还需要格外注意数字和人名、地名等。在教师的指导下，学生会将注意力全部放在这些内容上，而无暇以更宽广的视野展开思维。例如，教师向学生播放一段语料片，是两个人在巴西餐馆点菜。其中一个人对巴西菜如数家珍，另一个则完全不了解。很明显，前者有长时间生活在巴西的经历，只有大脑储存了这些背景认知，在处理语料时才能理解一些更深层次的信息。但是，一旦学生过于注重细节处的单词，可能就错过了探究与发掘的机会。那么，应该怎样改善这一状况呢？

首先，教师要转变思维方式。教师在备课的过程中要转变着眼点，不只考虑能告诉学生多少，还要知道学生想从自己这里获得多少，并进一步发掘语料的含义。讲清楚了人物、时间、地点等，再研究这段语料中场景设定的合理性。因为有些在教材中出现的对话，实际上并不会在目的语群体中发生。假如语料是合理的，那么就可以深究在这个会话中出现的人是何职位，或者担任这个职位的人有何种语言习惯等。如果教师养成了这样的思维习惯，就能够传递给学生更多信息。一旦外语教师整体上形成了这一素养，课堂教学就会更为包容，学生与教师的交流也将更多元。从你问我答，到多问多答，学生敢于表达内心的困惑，会自觉寻求不同的答案。由此可见，教师除了要学会运用新技能，还必须重组自身的教学思路。

在认识一个国家的人之前，人们总是先有一种概念性的了解，有时候甚至是误会。诚然，这种概念性了解在一定程度上体现了该国的特点，但却并不代表所有国民的特征，因为这种了解忽视了地区、习惯等方面存在的巨大差异，更忽视了个人的家庭环境、教育程度和职业背景。所以在和外国人进行沟通时，“贴标签”的认知方式很有可能会造成不愉快。

三、建构新型师生关系

信息化教育使师生之间、生生之间的交流更加顺畅，促进了学生自主学习能力的发展，让学生成为学习的中心，也成为知识的建构者。作为教学的组织者，教师的角色至关重要，因为教师担任了学生主动学习的引导者与监督者。来自教师和学生的信息不仅仅是对自动评价体系的必要补充，还使知识传授和答疑解惑的有效性得到了增强，这种将自主学习和合作学习相结合的方法，促使学生在沟通与合作过程中建立并完善自身的认识体系，对转变学生的英语学习观念起到了积极影响。

四、健全新型考评体系

大数据时代，人们获得知识和传递知识的方法发生了巨大变化，传统的纸张媒体逐渐被电子媒体替代，信息的收集、分享与传递开始以数字形态进行。显然，通过传统的直接考查形式，已无法对新型读写能力进行客观评判。国际上大规模的语言测验已经开始使用基于互联网的考试形式，也采用了综合性写作任务的测验形式，这都值得国内大学参考。因此，大学英语作文试题也应当引入将阅读和书写任务相结合的综合型任务。评估手段的多样化有助于增强评估的科学性与有效性。目前，教师评价仍是评估系统中最关键的部分。在线自动评价系统仍仅能对学生语言浅层特征进行评价，智能程度有待进一步提高，但可以成为教师评价的重要补充。同学间相互评价是作文评价中的重要环节，可以调动学生的主动性和积极性，训练学生的批判性思维。大数据分析背景下的教师评价与学生互评是借助互联网平台完成的，这将突破时间与空间的限制，令教师与学生能够利用碎片化时间完成有效的反馈与评估。

为顺应时代的潮流，英语教学新模式的形成势在必行。重视大数据带来的积极效果和消极影响，可以让教学模式调整得更有效、更深刻。但教学理念和教学方法的革新，不代表教师的工作将被互联网教育取代，也不代表教师的地位将被学校代替，因为教师依然是教学的主体，教师必须进一步提高自己的业务能力，充分运用大数据理论和前沿技术，在崭新的教学时代中紧跟时代发展所提出的最新要求，探索大数据时代大学英语教学方法的新思维，更新大学英语教学模式，努力培养适应信息化时代的复合型、应用型英语专业人才。

第二节 大数据时代下的大学商务英语写作教学

随着经济全球化的日益加深，社会各界对商务英语人才的需求愈来愈大。而传统的商务英语课程，特别是写作课程远远无法满足社会的需要。在大学商务英语课程中，听、说、读、写、译都是学生要学习的基本功。就目前情况而言，怎样培养综合型、应用型商务英语写作人才是各院校面对的重要问题。下面将在阐述商务英语写作课程状况的基础上，提出大数据时代下的相应教学改革对策。

目前，中国大部分院校均设有商务英语专业，在大数据时代下，各院校更加重视对集商贸专业知识、语言技巧、跨文化沟通能力等于一体的综合型商务英语人才的培养，也更加强调指导学生解决专业领域中出现的具体问题，所以大学商务英语专业培养的主要是理论和实际兼顾的应用型专业人才。在商务英语中，由于英语写作与翻译在具体的实际工作中使用得较为频繁，并且在学生进入外企就职之后，对商务邮件、产品资料等接触得较多，所以商务英语写作一直是商务英语学科的必修课。然而，在互联网信息技术与大数据处理技术蓬勃发展的今天，传统的商务英语写作教学已暴露出了许多问题，已经无法有效培养社会需要的高层次应用型人才。

一、大学商务英语写作教学现状

由于学生的英语基础水平参差不齐，所以参加商务英语写作课程的学生也有一定差异。有些学生可以根据自己的能力和教师的指导，灵活调整练习方式，最后达到既可以使用简单明了的语句和丰富多样的句型清晰地表述自己的意思，也可以很好地把教师讲授的知识点融会贯通，使作文的可读性增强。一些学生可以根据需要完成合乎规范的句子，只是作文的总体逻辑性和表达力不强；一些学生的英文基础不好，对词汇和语法的了解不够，无法完成一篇合格的商务英语文章。由此可见，学生之间有着一定的差异，需要教师从学生的现实情况入手，因材施教。

商务英语写作是一门强调专业性和实用性的课程，是写作者将商务领域专业知识的运用能力与英语口语的运用能力互相融合的过程。所以，商务英语写作教学的目标是培养能将理论与实际相结合的人才，而当前商务英语写作教学的实用性有待提高。

（一）教师对写作教学的定位出现偏移

部分教师在实际教学工作中没有了解商务英语写作的特殊性、写作流程的复杂性和写作内容的多样性，自以为学生只要熟悉了单词、词组、句子结构、书写格式，就是基本具备了对文章的掌握能力。所以一些教师仍然采用单一的传统授课模式，注重知识的灌输，较少重视学生的主体性，也较少让学生独立创作，从而完全忽略了对学生实践能力的培养与提高。同时，在实际教学过程中，教师往往单纯地讲述单词、短语和句子的基本含义，较少讲授其使用方法，不利于学生实际运用语言能力的提高。

（二）教学内容缺少实用性，忽略写作情境

首先，很多大学的商务英语写作的教学内容一般是按照商务文体类型教授的，与实际的诸多应用产生了脱节现象，教学内容也相对滞后，无法紧跟现代商务发展的脚步，也无法对学生毕业后的商务工作形成积极影响。其次，尽管教师在课堂上教授了报价、咨询等内容，但通常也只是简单讲解，较少进行商务情境设计，使得学生无法对实际商务问题做出合理处理。

（三）教学方法单调，缺少交流互动

传统的商务英语写作教学方法单调且过于程式化，教师仍占据着教学中的主导地位，学生只能被动地接触和机械地模仿作文范本，整个教学活动都是教师的“独角戏”，学生无法真正参与其中。课堂教学本身就是教与学的双向交流过程，教师不但要教授学生专业的知识与技巧，同时还应适时接受学生的学习反馈，从而进一步完善教学方法。倘若教师与学生之间缺少有效的交流、沟通与互动，不但学生的学习兴趣与积极性无法被充分调动，课堂的有效性也无法提高。

二、大数据时代下的大学商务英语写作教学改革策略

随着大数据时代的到来，人们的日常生活在获取信息、分析信息、共享信息等方面都有了极大的飞跃，人类生产生活中的方方面面都受到了极大的影响，教育亦不例外。大数据时代的到来，给大学商务英语写作教学提供了崭新的发展机会，课程模态逐渐呈现多元化特征，教学方法也越来越趋向个性化，师生关系也具有了互动性，对教学成果

反馈的指向性也更加明显，从而带动院校向为培养综合型、应用型人才的目标奋勇前进。

（一）整合教育资源，创新教学方式

大数据的出现让商务英语写作教学的内容可以挣脱传统课堂教学的束缚，直接拓展至课外。学校应加强网络平台建设，让教师可以充分利用网络平台为学生搜集更多的教育资源，并指导学生运用搜索引擎、英语学习网站、在线字典、语言库等收集充足的相关背景知识，教师利用网络平台发布写作任务，让学生切实地投入到教学当中，以提高学生的商务英语运用能力。教师还可以把产业发展的最新动向导入课堂，并指导学生根据实际情况开展有针对性的写作练习，以提高课程的时效性与应用性，让学生不至于与产业的现实发展脱轨。

（二）引入慕课模式

教师可以利用慕课将商务英语写作知识和实际商务活动相结合，同时教师还可以通过慕课平台，收集和商务英语写作有关的资源并设计业务实践活动，以凸显专业性和实用性。在学生开展实际写作之前，教师还可以通过翻转课堂，把关于写作的商务基础知识和语言知识等以教学视频的形式发给学生，以便学生在课前预习，让学生对将要学习的内容有个大概的认识。同时，学生还可以提前整理不明白的知识点，以便在课堂上统一提问，便于教师进行有针对性的解答。之后，教师可以使用慕课平台模拟实际的商务情境，让学生切实地投入商务英语写作课堂。除此之外，学生还可以利用慕课平台完成各个阶段的水平测验，方便掌握自己在某一阶段的学习状况，也方便教师根据学生的测验结果对后期教学做出调整。

（三）运用分层教学法，开展合作教学

首先，针对学生基础的差异，教师可以采用分层教学法，对各个阶段的学生因材施教，避免千篇一律的练习任务无法有效调动学生学习兴趣的尴尬局面。第一步，教师可

以利用大数据分析技术，区分学生之间的水平差异，之后教师可以选择不同难度级别的写作任务，分派给对应水平的学生。第二步，教师进行主题教学和案例教学，把学生分成几个小组开展分组练习，让学生在团结合作中顺利完成任务，一方面锻炼了学生的实践运用能力，另一方面提高了学生的团结合作意识和交际能力。

一个人的写作能力与其口语运用能力以及语言理解能力有着直接的联系。商务英语专业学生的写作能力主要包括文章组织能力、语言揣摩能力、语言规范能力、深入思考能力等，因此商务英语写作对学生的理论知识水平与实践水平的要求也较高。随着大数据技术的持续发展，商务英语写作教师也应该抓住机遇，迎接挑战，积极创新课程，引入更先进的教学方法，把慕课和翻转课堂等方式紧密结合在一起，开展分层教学，并注意培养学生的团队合作能力，让学生切实地投入课堂，提高应用能力。

第三节 大数据时代下的大学英语翻译教学

日新月异的大数据时代改变了教学的方方面面。本节从英语翻译教学的视角出发，从多方面给出具体的教学策略，同时也指出在语言翻译课程中教师与学生所面对的挑战。

随着计算机科学的发展及云计算技术的应用，“人工智能”的概念与技术也开始逐步进入教育教学的各个领域。翻译是对外沟通交流的有效渠道之一，社会各界对翻译人才具有大量的需求，而各院校作为应用型人才的重要培养基地，应该积极顺应时代发展需要，有效运用大数据资源，逐步完善翻译培训系统，为国家培养高质量翻译人才。

在大数据时代，随着信息技术的快速创新发展，各院校的英语翻译教学将从课程选择、培养方式、考核评估等各环节与大数据技术相结合，以培养富有时代精神与创新能力的应用型翻译人才。

一、大数据时代翻译教学中重点环节的处理策略

（一）教材选用

教材作为最基础的教育资源，是人才培养的关键，而教材品质的优劣直接影响到人才培养的质量。

如今，在大数据时代下，翻译教材已经走向了“网络化”阶段。翻译教材的内容需与时俱进，这在较大程度上确定了翻译人才的培养方向。现当代翻译家们所翻译的许多文学作品都已成为经典，政府工作报告等重要时政文章也必须纳入教材资源库。所以，翻译专业的教材选择应当本着“经典和时政相结合、有形和无形互促进”的原则，形成全面化、立体化、动态化的教材选择机制，以充分发挥大数据优势，满足翻译教学发展的需求。

（二）教学过程

目前，部分院校教育资源短缺，课程理论创新速度较慢，学生基础知识相对薄弱，优质师资较为匮乏。所以，各地院校有必要充分运用大数据的优势，主动引进世界优秀教育资源，进一步改良传统教学方法，完善课堂教学流程，以提高翻译人才的培养质量。对翻译相关学科的教育，可采取“教师领导、学生主体、三项结合”的方法。“教师领导、学生主体”充分体现了以人为本的教育宗旨。教师身为教学活动的重要参与者，在翻译教学过程中应充分发挥指导、督促的作用，力求摒弃“教师一言堂”，应激励“学生好声音”。学生身为学校教育活动的主体，应当主动发挥主体作用，以改变在传统课堂中被动认知的状况，真正接过掌握新知的接力棒，努力创建教师领导下的自觉、自律、自学、自省的崭新局面。在大数据时代下，“教师主导、学生主体”的教学模式在“三项结合”中得到体现，即“线上与线下紧密结合、理论讲解与技能培训紧密结合、计算机批阅与教师审校紧密结合”。

1. 线上与线下紧密结合

第一步，教师在上课之前按照教学进程和教学内容的实际需要，利用教学网络平台、社交软件等向学生布置相应的资料查找任务，包括翻译名家介绍、翻译理论简述、翻译技能和方法、翻译过程中的自评方法等。学生接受任务后，充分利用网络资源，仔细查看资料，以分组协作的方式制作课件，如此，学生能对新知识点形成初步的认知，并把在完成任务过程中遇到的问题全部记录下来。

第二步，由教师把每个学生的任务完成情况与问题带到线下课堂，由教师对学生的汇报做出评价。接着，学生进入真正的课堂学习，由教师运用多媒体，通过讲授法、探究法、合作教学法等多种教学方式完成对新知识点的讲解。

第三步，由教师处理学生在完成课前任务和课堂练习中遇到的问题。

2. 理论讲解与技能培训紧密结合

翻译课程一般包括翻译史学、翻译基础理论和翻译实务三方面。翻译史学与翻译基础理论的内容都应该放到课堂上由教师进行讲授，但翻译实务却要求教师投入大量的课外时间，因为课堂时间远远满足不了学生的实际需求。以某英语院校为例，学校专门设立了专业技能培训中心来进行第二课堂的教学活动，培训中心内设有两个翻译训练部，每学期的教学活动共 18 周，每周进行两次技能培训。每次技能培训前先由教师提出培训计划，然后学生选择培训内容。一周两次的培训活动中，一次由教师主导，学生进行练习，另一次则完全让学生主导，进行与本周教学主题有关的翻译活动。学生需要借助网络查阅大量资料，进而选定培训材料，而准备过程本身也是教学流程，既大大提高了学生的学习积极性，又监督了学生在课后的复习活动。

3. 计算机批阅与教师审校紧密结合

部分大学生的英语基础相对较弱，因此，教师批阅和修改的效果不可小觑。学生需要大量练习与教师批阅和修改速度慢之间的矛盾，可以由大数据帮助解决。比如在专业的作文批阅和修改网站上，教师布置翻译任务，学生可以搜索查看并完成任务，提交后由批改网站经过精算得出分数和修改意见。在这里，学生绝大多数的语法错误和用词错误都能被一一指出，学生修正后才能重新提交作业和刷新得分。在计算机批阅的基础上，由于学生的绝大部分语法错误均已完成修正，因此教师可以不再把注意力集中在学生的语法错误上，而比较注意学生的翻译流利程度和与原文风格的契合程度等专业问题，并对学生的翻译作业做出适当评注或给出适当意见。

（三）考试与评价

在翻译课程的设置上，学校还应当重视与当地重点企业之间的互动，可以聘请行业内的专家学者共同开发研究课题、合作编写教材，或运用校企合作的项目研究成果，进一步丰富教学资源。从培养应用型人才的角度来说，在课程的设置上应该秉持“校企共开发”的原则。

翻译专业以培养应用型的翻译人才为主，而通常仅有卷面或仅以卷面为主的考核形式，将学生的成绩单方面限定在一个期末考试的分值上，无法综合考查学生的实际能力水平，因此评价也难免偏颇。所以，基于大数据与互联网的考核手段和评价方法，使形成性评价与结果性评价有机融合，是各地院校最可能采取的评价方法。因此，可以把期末考试成绩分成两个部分，一部分是传统卷面考试，占期末成绩的百分之五十至百分之六十，另一部分是学生平时在网络平台上完成教师所布置的任务的成绩总和，占期末成绩的百分之五十至百分之四十，取消成绩单中的“平时成绩”，而要求任课教师必须在试卷袋里提交相关证明和资料，列出形成性评价。

上述方法能够对教师教学与学生学习的全过程实施有效监测，鼓励教师制订科学的教学计划。增加形成性评价的权重，同样也能监督学生的全部复习阶段，从而促使基础较薄弱、学习动力不足的学生更加关注学习的全过程，避免期末考试前画要点、背要点的错误复习方法，让每一份试卷都能真实地考查学生的实际能力和对知识的掌握程度。

二、大数据时代翻译教学面临的风险

大数据时代确实为大学英语的翻译教学带来了益处，但同样也使翻译教学面临风险。

（一）网络资源不够全面

网络上教育资源的丰富性毋庸置疑，但是珍稀译本等资源在网络上无法查到，造成学生查阅的资料不全面，观点、结论支持度不足等问题。由于学生没有获得授权，网上部分期刊、文章等资源不能下载或需要缴费方可下载，在一定程度上影响了学生完成教师所布置的任务的质量。

（二）网络信息不够准确

网站上的资料大多是由他人编写或上传，因此难免会出现错误信息，拼写错误、语法错误比比皆是。学生能力不足，往往无法一一识别，进而出现了任务完成效率低等问题。网络信息不准确的另一方面还表现在网上翻译软件的广泛应用，学生往往过于依赖网上的翻译软件，易造成翻译千篇一律、漏洞百出的现象，严重影响学习效果。

（三）网络环境不够安全

网络具有开放性强、信息传播速度快的特性，一旦网络崩溃，学校所有运用大数据和信息技术的翻译课程均将被动暂停，这无疑会打乱教师的教学计划，如果教师对临时调整课程或教学内容准备不足，将在较大程度上影响教学效果，而频繁的临时调整也会影响学校翻译课程的教学质量。

大数据的发展已经影响了英语翻译教学的方方面面，怎样利用大数据时代带来的巨大效益和便利，并从容地面对信息时代带来的风险和挑战，是每一个奋战在翻译教育第一线的领导者和教师都必须认真思考的问题。

第四节 大数据时代下的大学英文报刊阅读教学

大数据时代的到来，给大学英文报刊阅读教学带来了良好的发展机会。本节从英文报刊阅读课的教育现状出发，对大数据时代英文报刊阅读的教学思想和教学模式进行创新，同时也提出新时期该学科教学将面对的挑战。

步入 21 世纪，在信息高速传播，云计算、人工智能等技术日益流行的形势下，以数据的海量储存、资讯的高速传递、全媒介的视听化效果等为特点的大数据时代悄然来临。大数据技术已逐渐融入我国外语教学和科研领域，而如何运用大数据改革外语教学模式也逐渐成为未来教学改革的重心。作为大学英语专业的一门选修课程，英文报刊阅读由于其课程的时效性以及就读环境的地理局限性，迫切需要发达、通畅、快捷的互联网信息技术支持。实际上，大数据时代的来临也给报刊阅读教学带来了良好的发展机会。大数据时代的资讯“大爆炸”给报刊阅读教学带来了时效最新、范围最广的资讯和海量生动的语言素材，慕课、微课等则给师生提供了崭新的体验。但是，怎样面对大数据时代带给报刊阅读教学的巨大冲击，如何进行资源和课程、模式创新和教学评价之间的有效衔接，又为教师带来了全新的挑战。

一、英文报刊阅读教学的现状及问题

自20世纪80年代国内大学首开英文报刊阅读课程以来，英文报纸以其丰富生动的内容引起越来越多的学校的关注和学生的青睐。一方面，报纸阅读的重要性及教学意义越来越受到肯定，其影响力也日益扩大；另一方面，虽然报刊阅读课程已得到了广大英语教育专家和教师的肯定，但是不可否认的是，在实际的教学过程中，英文报刊阅读教学仍然面临着不少问题，教学成果与理想的教学目标之间也尚有差距。从总体来看，问题主要存在于以下几个方面。

（一）课程教学内容与理念

英文报刊阅读是对英文泛阅教育课堂的进一步拓展与深化，这已被国内外大学及英文报刊教育界承认。不过，对于英文报刊教学在学科意义、教材、授课条件、教学方法，以及教学评价标准等方面是否能等同于英文泛阅教育，或者说报刊教育与英文泛阅教育之间在以上几个方面究竟有何差异，学校与教育部门之间还没有统一、清楚的界定。而这种理解上的差距与模糊也使得当前不少院校对报刊阅读课的教学目标和教学重点的认识有所偏移，将报刊阅读课当作纯粹的语言教学课。一些学者的调查结果指出，有很大一部分报刊阅读课程仍然沿用精读课程的讲授思想，注重报刊素材中语言知识点的讲授，完全忽略了报刊阅读对于训练学生在获取信息能力、批判思维能力、综合人文素养等方面其他课程无法比拟的价值。

（二）教学模式

随着各院校对报刊阅读教学的关注程度不断提高，英文报刊阅读教学模式呈现多样化、立体化的发展趋势，多媒体手段也被逐渐应用到课堂教学中。当前较为普遍的教学模式有如下两种：

一是传统教学模式。主要形式是教师上课之前对报刊的文章内容和课堂形式加以策划，课堂上通过讲授和释疑进行教学。如果学生口语基础不扎实，教师在报刊教学中要特别注意语言知识的讲解和口语技巧的反复练习。在这种授课模式下，学生大多数时间只是听众，是被动地倾听，被动地完成学习。这种模式造成的后果是不少大学生越来越缺乏阅读英文报刊的兴趣，而更愿意在课堂上利用软件查阅各类中英文报刊电子网站。可是因为没有教师进行系统、专门的指导，学生的报刊阅读能力无法提高，阅读报刊的兴趣也无法保持长久。

二是利用多媒体的课堂教学模式。由于互联网等信息技术的广泛应用，近十几年来，许多院校的报刊阅读课从教室到教学设备，再到教师的教案，都尽可能地把多媒体融入其中。在上课前，教师专门为各个教学环节设计的课件，成了报刊阅读课堂上必要的教学要素。但是，利用多媒体的教学方法究竟有没有改善英文报刊阅读课堂的教学效果呢？这需要先从当前部分院校的英文报刊阅读教学与利用多媒体的课堂教学存在的不足进行分析：

（1）有相当一部分教师对于多媒体课堂的认识还仅限于课件的使用，认为在讲课时给学生演示已做好的课件就是运用了先进的多媒体教学方法，但是其教学内容与教学方法还是保持了传统的教学模式。

（2）很多教师和学生的计算机操作水平有限，他们虽然已经接受了多媒体化的报刊教学模式，但在实际的操作过程中因为技术问题和教育成本问题，导致多媒体化的报刊教学模式无法在具体的课堂中实施。

其实，单纯利用几节所谓的多媒体课程培养学生的英文报刊阅读能力是远远不够的，如何扩展课堂空间，突破课堂的限制，实现课内和课外学习的有机融合，建立一个集各种教学模式与教学手段于一身的教学系统，才是今后英文报刊阅读教学必须重视的问题。

（三）英文报刊阅读教材

二十余年来，我国大学的英文报刊阅读教学有了长足发展，教科书已有近百种，而教科书的具体内容更是各具特色。不少国际著名的专家学者都为这门课程的教科书编撰工作花费了大量的心血，极大地促进了该课程的蓬勃发展。不过，相比于新闻的即时性特点，报刊阅读教学内容的滞后性也决定了这门课需要教师在课外不断补充材料。近年来，由于信息技术以及各类移动终端的广泛应用，许多教师试着把传统的报刊阅读课程和网络资源相结合，将大量网络上的电子报刊资源融入课堂教学。但是网络上的英文报刊资源良莠不齐，针对各个阶段的、有不同需要的学生，教师应怎样合理地开展课外选材，是新形势下的报刊阅读教学面对的新挑战。

（四）学生群体

受家庭、教育背景以及社会发展等因素的影响，当前学生的学习观和学校教学管理模式与过去比较已经有了很大的改变。大数据时代，学生习惯于信息“爆炸”的碎片化感受，喜欢用更快的方法获取更多的信息。由于传递信息的载体越来越多样化，越来越多的学生带着手机等移动设备进入“移动课堂”学习。他们既不满足于传统的“听众”身份，又厌倦了传统的教学方式，所以借助无所不在的无线网络，利用网络平台查找各类英语书籍及教学资讯，并独自上网阅览期刊，甚至拒绝在教师指导下阅读报刊及其他读物。从学生的可持续发展与独立阅读能力培养等方面出发，教师对学生如若不加以正确引导，很显然无法达到报刊阅读教学的教学目标。对教师来说，需要针对不同学生的学习特点和学习需要，采用切实可行的报刊阅读教学模式，协助学生寻找最适宜的阅读环境与阅读方法。

二、大数据时代英文报刊阅读教学的新思维

（一）碎片化教学与混合式教学

大数据的发展正不断冲击与改变着传统的教育体制，在教学和学习方面的许多理念也正不断改革。根据工业生产时代的劳动密集生产方式而设计的小班教学制已经不能适应大数据时代对教学的要求，特别是人们开始习惯于网络日常活动，如网络购物、在线读书、在线写作等。在这个大背景下，很多全新的教学模式也被发展起来，比如慕课、微课和各类共享课程等。依托网络资源的微课短小精练，课程设计精巧，视频资料呈现碎片化，并且题材集中，逻辑严谨，围绕一个知识点或教学环节全面展开。这种全新的

教学模式颠覆了传统的固定课程的模块化教学模式，是新时期高等教育改革与发展的趋势。对报刊阅读教学来说，微课为其提供了一个难得的改革与发展的机会，教师能够更加灵活地选用课程，学生也能够比较自由地进行自主预习与复习，同时，教学地点也不仅限于教室。大数据时代，移动终端设备较普及，在人们越来越习惯通过网络浏览书刊的大背景下，报刊阅读教学模式也需要做出结构性调整：基本的读写任务由学生在课前共同完成，而深层任务如训练学生的信息综合能力、逻辑思维能力和提高学生的综合人文素养等则在课堂上由教师指导进行，并通过课内与课外结合实行有效的混合式教学。另外，还可运用网络媒介，通过视频记录教师在课堂内外围绕特定知识点所开展的教学活动，并将其提供给学生，让学生可以按照自己的需求随时在线学习。总之，利用大数据技术，学生实现了课内、课外在线阅读的积累，教师能够利用后台数据库统计分析班级的整体阅读情况，并得出最有价值的数据报表，从而紧密地追踪、了解学生报刊阅读的学习情况。

（二）海量资源与个性化学习

针对学生的实际水平，充分满足学生的普遍和个性化需要，是评价教学工作取得成功的一项关键指标。大数据时代丰富的新媒体资源和大量生动、逼真的语言素材，有效解决了传统报刊阅读教学的模式固化和时效滞后等问题，同时也为实现以学生的自主学习为中心，由学生积极收集、分析相关的信息资源，对问题给出合理假设并设法进行检验，由教师指导、激励的个性化学习创造了机会。教师应在教学大纲的要求下，按照教学方案预先设定、选取好每个教学活动的主要议题和材料，然后设置一定的预习作业与思考题，一并发给学生。学生利用网络分析信息，搜索相关背景知识，并查阅和学习内容有关的新闻报道，概括该新闻报道中的常见术语，同时通过网络进行有关参考资料的初步查阅。随后，教师对学生的作业加以分析与挖掘，概括有用信息，并对这些信息加以归类和分析，掌握每一名学生的需要，以便在之后的教学活动中进行有针对性的个性化教学，避免学生遇到语言晦涩的报刊材料时手足无措。

（三）阅读与欣赏对接

语言不但具有传达信息的功能，同时也是文化情感符号。读书是人们掌握知识与信息、丰富思想感情、拓宽眼界的最原始、最常见的方法。但传统的英文报刊阅读教学比较强调掌握基础知识与理解文章的能力，对学生在阅读英文报刊的过程中受到的情感陶冶，以及所得到的思想启发与深层理解则比较忽视。大数据时代，现代教育手段让学生零距离接触大量的原文期刊文章变成了现实，在新闻记者及各种专栏作家视角下的英美社区文化形态被全面展示给了广大读者。在此背景下，报刊阅读教师应转换教学思路，由简单的文字介绍变为对文字内容的深入探讨，采取有组织的小组活动，通过运用口头叙述或书面文字等方法，使研究的内容从语言的知识意义拓展至社会的实际情况和学生的自身感受，从而促使学生在课堂上处于积极的思考状态。另外，教师也应该重视学生的读书兴趣，引领学生阅读、感悟文章思想，提高跨文化交流能力和批判性思考能力。

（四）多元反馈与绿色测评

评价和反馈是学科教学中的一个重要环节。传统英文报刊阅读课程考试多为闭卷笔试，内容局限于知识性、识记性的考查，而学生的注意力与兴趣也被压缩在简单琐碎的单词记忆上，其思维分析能力、信息素养和多元的文化交流能力等无法被全面考查。由于结果性考试的滞后性，学生的学习情况和问题也无法及时地一一反馈。大数据时代的来临，让依靠技术支撑的智能化课堂教学系统得到发展，在团队协作基础上的课程内容理解与监控也将越来越完善。报刊阅读中的语言知识点考评信息可以根据读写智慧测评系统在平台上进行推送，学生的考评信息的反馈更加及时完整，同时整个考评过程可以实现动态化、自动化、智能化。当然，限于当前的信息技术条件，这种英文报刊阅读课程的智能评价系统的建设还处在初期阶段，但其对报刊阅读课程考试和评价的重要性是不言而喻的。针对非知识点的能力考评，可以采取小组课件演示以及小组讨论和答辩等方法，使教师对学生能力的认识更加全面、充分。在大数据时代的英文报刊阅读教学模式下，不仅仅是教师可以对学生的表现与思维方式做出评价，其他学生也可以参与评价，所以评价主体是多元交互的，过程也是双向的。

三、大数据时代给英文报刊阅读教学带来的挑战

大数据时代的到来与在线教育的普及，对大学英文报刊阅读教学产生了巨大的影响。报刊阅读教学在获得了重要发展机会的同时，也面临着挑战。

首先，学校教育的传统角色和职责将面临重大变革。在传统的以教为主的课堂教学环境里，教师所关注的往往只是和自身学科有关的知识点、资讯、数据，教师是所有学习资料的主要提供者，尽管这样的资料数量也十分有限。但随着从封闭式教学向开放式教学、以教师为中心向以学生为中心过渡，大批关于学生生活的资料涌现，师生边界也日益模糊，这就给报刊教学带来了冲击与挑战。除了更高水平的知识与技能，教师还应具备自主设计和执行教学的核心能力。陈坚林将这种核心能力具体细分为教育技能和方式的使用、课程理解与资源构建、课堂组织控制、课堂异步管理、课堂监测研究、课堂环境营造等六个方面。很明显，在大数据时代，教师以往的个人身份将完全转变。具体落实到报刊阅读教学中，教师要建立智能化教育团队，集合学校所有教学资源，针对学生的个性和特点，筛选报刊阅读资料，设定活动主题，分配练习小组，分派练习任务，运用各种教学策略，并及时给出合理评价，为学生的复习活动提供服务和引导。这既是在大数据时代下对传统报刊教学提出的挑战，也是在新时期对教师发挥创新性提供的专业发展机会。

其次，融合线上线下课程、实现高效课堂是根本目的，也是开放式课堂亟待解决的问题。大数据时代，在线教育、翻转课堂等新理念已成为潮流，而英文报刊阅读也成为与现代信息技术发展联系更加密切的重要课题。就目前大部分院校该课题的发展情况来看，网上的开放式课程将逐渐成为主流模式。开放式课程以线上阅览、指导与线下课堂立体融合的方式扩展了课堂时间与空间，让学生不再拘泥于课堂时间与课堂内容，也使课程的开放性与互动性更完美地体现。不过，因为教学对象、表现形式、技术手段、表达方法等和传统教学方式有所不同，所以线上报刊教学内容的设计还需要教师对网络认知规律以及相应的教学手段进行全新认识与运用，另外，还有线上、线下教学内容的分配与融合等问题。当前不少院校都推出了慕课平台，向学生提供了海量的学习资料，不过对于传统英文报刊阅读教学还未有相对成熟、普及的教学资料，更遑论线上线下相融合的课堂教学内容。教师们各自为政、各自摸索，这也表现出了英文报刊阅读教学在面对大数据开放教学时的尴尬。

大数据时代的来临为大学英文报刊阅读教学改革带来了机会与挑战。机会是显而易见的，比如探究报刊阅读个性化教学，运用海量网络资源，创造丰富、便捷的网络阅读环境等；但是在带来机会的同时，挑战也如影随形，怎样运用海量复杂的大数据信息与智能平台，如何利用网络来置换课堂教学时间并有效利用有限的时间与资源，是今后英文报刊阅读教学需要解决的问题。

第五节 大数据时代下的大学英语课程网络资源库的构建

大学英语实行网络自主学习是大学英语教学改革的主要方向，信息资源库的建立将是实施网络自主学习的关键保证。将大数据技术运用于资源库的构建，能够使资源配置更加科学化、合理化、智能化，也可以更有效地培养学生的自主学习能力，从而提高大学英语的教学质量。下面将对大数据时代下的大学英语课程网络资源库的构建方式展开分析和探究。

一、大学英语课程网络资源库的构建现状分析

（一）资源丰富且杂乱，缺少逻辑性

目前，不少院校都建立了大学英语课程的网上自主学习平台，尽管有着海量的英语自学资源库，但很大一部分都是用来填充教育信息数据存储容量的，和大学英语教学有关系的各种音视频资源都被盲目地加入，因此各种教学资源的内容杂乱无章，教学资源之间也没有知识点的逻辑关联。上传者只是单纯地追求资源库的保存能力，而忽略了教

学资源之间的关联性。

（二）资源内容陈旧

资源库里的课程内容是引起学生学习兴趣的重要因素，但目前，大学英语课程网络资源库中的内容大都是十多年慢慢累积出来的，部分内容较为陈旧，已无法满足新时期经济社会的发展和学科教育的新需要。许多资源的教学内容都和现实有较大差距，已不符合现代大学生的学习需求，在一定程度上影响了大学英语的教学效果，同时抑制了学生对大学英语网络自主学习的主观能动性，使学生学习的主动性明显下降。

（三）资源格式混乱

大学英语课程网络资源库里的多媒体教学资源基本分为课堂教学文字资料、课堂录音资料、课堂录像资料、课堂案例资料等。在制作教学资源时，由于受软硬件环境的限制，很容易产生五花八门的音视频格式。格式不统一的音视频资源在观看效果上差异较大，有的视频、图片清晰度非常差，显示的画面大小也不一样，有的视频声音大小不一，有的资源格式甚至对客户端操作系统的浏览器要求严苛，导致学习资源的通用性不强。

二、构建大学英语课程网络资源库的意义

（一）便于大学英语学科的资源共享

大学英语课程网络自主学习的核心内容是资源库的建立，资源库是大学英语教育资源的汇聚地。任课教师可把自己制作的课堂教学音视频资料直接上传资源库。同时，学生可以从资源库获取与全国大学英语等级考试有关的辅导资料，与考研英语有关的课堂教学音视频资料，以及其他英语考试的模拟题库。通过将学校全体教师多年的集体教研

智慧凝聚在信息资源库中，形成适合学校实际状况的大学英语课程网络资源库，教师借助网络资源库的共享特点，将学习内容共享，实现因材施教的目标。

（二）有助于推动大学英语教学的改革与发展

大学英语为一般高等院校的必修公共课，学生数量众多，英语基础参差不齐，且教师的授课工作量大，教学上存在不少问题。构建大学英语课程网络资源库是实施信息化教学的重要手段。学生能够充分利用网络学习资源来查漏补缺，按照自身的学习情况，有针对性地选择适合自身的各种资源进行自主学习。将大学英语的传统课程资源做到线上、线下的自主翻转，学生能够利用网络资源库在任何时间、任意地点完成自主学习。任课教师可针对学生的复习情况，在线上进行答疑，或在线下开设有针对性的课程，从而极大地提高大学英语的教学质量与教学效率，也对当前的教学改革发挥着积极的影响。

（三）可以开阔学生的眼界，提高学生的学习兴趣

大学英语课程网络资源库以课堂及教学资源为基础，实现了立体化多维度建设。学生在完成教材配套的数字资源学习任务的基础上，可进一步拓展所学。同时，网络资源库中还有大量政治、经济、文化等人文社会领域以及自然科学方面的资源，学生能够按照自身的专业背景，从资源库里选择合适的学习资源，不但开阔了学生的眼界，还提高了学生对大学英语课程的学习积极性和兴趣。

（四）有助于培养学生的自主学习能力

课堂学习现在已无法完全满足学生对知识的需求，而大学英语课程网络资源库正是在以教师为引导，以学生为中心的基础上建立的，为学生营造了一种自由、平等的学习氛围。由教师按照教学计划，在网上平台发布学习任务，学生在规定时段内自由规划时间进行学习。如果在学习中遇到问题，学生可通过平台直接向教师提问，由教师针对学生的学习情况进行指导。网络资源库提供了多元化的知识，能够激发学生的创造力，鼓

励学生进行个性化学习，培养其自主学习的能力。

三、大数据技术在构建大学英语课程网络资源库中的作用

（一）使网络资源库的构建更为合理化、科学化、智能化

大学英语课程网络资源库内容繁多和缺少逻辑性的问题，可以运用大数据技术解决。大数据技术可以对已有信息进行分类、集成。运用大数据强有力的分析功能，将各种资源根据大学英语的教学安排进行分类整理，如分成读写翻译资源库、视听说资源库、文学作品资源库、专业英语资源库、外语影音资源库、试题资源库等，并根据科学合理的分级标准，将各种内容进行划分，使各种资源更为贴合学生的学习。当进行资源收集时，大数据分析系统还会根据标题自行鉴别资源类型并分类储存。把传统以人工点对点完成数据信息的收集模式转化为全自动识别储存系统，使资源库的构建变得更加简单、智能和快捷。

（二）对网络资源库进行深入挖掘

网络资源库中音视频资料占据了很大比例，对各资料实现格式的规范统一就变得特别关键。对音视频资料，以目前慕课中的各种格式为基础，预先制定各种资源库格式规范，把大数据技术融入各种资源库的构建，如运用大数据分析、人工智能和多媒体技术，对各种资源库实现全盘数字化扫描，把所有不符合规范的音视频资源全面自动滤出，运用多媒体实现格式的转码，从而使各种资源格式规范统一，使资源可以跨系统无障碍使用。通过运用大数据分析技术对资源库进行深入数据挖掘，将资源库中的资料按照学习热度和点击率进行大数据分析，再按照量化指数，有目的地实现资料的补充，这样，新补充的资源就都是学生想要获得的内容，从而让资源库实现最好的利用效果。

（三）分析学习路径，点对点地推荐优秀资源

大学英语课程网络资源库能够按照学生的学习路径，运用大数据技术分析学生对主要知识点的掌握情况，资源库会自行筛选有关的资源推送给学生，便于学生开展强化练习。学生网上的自主学习效果是所有任课教师都急切想要了解的。大数据分析技术能够对每个学生的在线学习情况进行数据信息跟踪，分类整理所有的学情数据，将学生对主要知识点了解的程度数据化，并提交给任课教师。大数据技术也会为大学英语教学改革提供帮助，使教学变得更适合学生的需要，从而有效促进教学改革的顺利进行。

（四）创新自主学习能力综合评价系统

传统的评价模型以学生完成学习任务，进行测评后的成绩来衡量学习成果，具有一定的局限性。大数据分析技术能够对网上学习做出全面、立体化、多维度的综合评价。基于学生的学情数据、复习热度数据、网络答疑数据、在线测试数据、课外练习数据、口语练习数据，学校运用大数据分析技术对平台上的学习数据按照相应的比重参数进行整理，从而得到了能够体现学生实际学习成果的综合评价结果。这不但创新了大学英语课程网络自主学习的综合评价系统，同时也为课堂教学的创新指引了方向。

大学英语课程的网络自主学习符合新时期课程教学改革的要求，而大学英语课程网络资源库的质量也决定着学生网络自主学习的质量。将大数据分析技术融入网络资源库的构建，能够让教学资源更为人性化、科学化、智能化，使教学资源更接近学生的现实需要，调动了学生在网上自主学习的热情，从而有效提高了大学英语等学科网络自主学习的效率，进而深化教学改革。

第六节 大数据时代下的大学英语翻转课堂教学

大数据技术促进了大学英语教学模式的改革，其中翻转课堂就是当下热度较高的一种教学模式。因此，依托于大数据背景，下文将指出大学英语采用翻转课堂教学模式的必要性，全面分析大学英语翻转课堂的教学理论和可行性，并探讨在翻转课堂教学模式中利用大数据的意义，在翻转课堂教学模式下的学生自主学习监督方法和管理模式，以及在大数据背景下大学英语翻转课堂评价方法等，从而探索如何形成有效的大学英语翻转课堂教学模式。

一、大数据时代下建设大学英语翻转课堂的意义

（一）引发英语教学资源的爆发式增加

在大学英语的传统教学模式下，教学资源主要以课件和纸质资料为主，教学资源相对匮乏。在大数据时代下，数据爆发式增长，英语教学资源不但总量庞大，而且类型丰富，为大学生的英语学习提供了海量教学资源。爆发式增加的教学资源让大学英语课堂打破了资源禁锢，大大增加了大学英语课堂的知识含量，使大学英语教学资源更加充实，学生的眼界也更加开阔，从而引领大学英语教学进入新资源时代。

（二）赋予大学英语因材施教的可能

在传统英语教学模式下，大学英语主要是以线下课堂教学为重，而教学设计则主要是面向全体学生进行的。虽然在教学实践过程中教师会产生因材施教的意识，并尝试进行分层教育，但受到课堂教学时间、教学空间以及课程的其他要求等约束，因材施教并没有可操作性。在大数据时代，教师可以运用大数据分析优势和平台资源优势突破传统教学的唯一主阵地，利用网络教学平台为学生提供个性化学习机会，学生能够根据自身的英语能力和英语基础、兴趣等选择课程，进而获得因材施教的机会。

（三）营造适合学生自主学习的环境

自主学习能力是大学生的必备能力，在传统教学模式下，英语学习大多局限于学校英语课堂，脱离课堂后，学生进行自主学习时难以获得外界的有效帮助。在大数据时代下，学生的英语学习环境得到了进一步优化，学习资源更加丰富，为学生提供了大量可供选择的自主学习资料，改善了传统教学模式下对学生自主学习支持不足的情况。学生之间可以通过网络平台进行交流，同时学生与教师之间也能够通过网络平台进行交流，在大数据时代下，学生自主学习的条件也已比较完善。

（四）引发英语教学体系的全面变革

大数据对大学英语教学体系产生的深远影响并非某一方面的，而是系统化的。大数据时代下，大学英语教学环境、课程设置等均受到极大的影响，也带来了大学英语教学体系的全面变革。教师的教学方式将发生重大转变，由传统强调“教”的方式转变为强调“学”的方式，教师也将针对全新的语言学习环境和学生的学习需要，进一步优化教学内容。教学评价方法也发生了重大变革，评价方法将越来越多样，将突破传统的“唯知识型”大学英语教学评价模型，通过翻转课堂教学模式形成全新的评价方法。

二、大数据分析视野下的大学英语翻转教学理论

（一）掌握学习理论

布鲁纳是掌握学习理论的主要提倡者，其学说认为所有学生都具有学习的机会。掌握学习理论主张集体教育，以社会反馈为重要手段，强调为学生进行个性化指导，让学生拥有一定的自主学习能力，这可以让大部分学生达到既定的学习标准。在该理论模式下，教师对学生的学习活动起到支持和引领的作用，一般是向学生提供材料，给出教学中所必需的技术操作工具以及必需的心理支持等，而学习计划的制订以及对时间的把握则由学生自己控制。在大数据分析视野下，翻转课堂无疑为学生带来了掌握学习时间的机会。如果学生在大数据的帮助下可以进行自主学习，就可以提高对时间的掌握能力，满足自主学习的条件。

（二）建构主义学习理论

建构主义学习理论简称“建构主义理论”，该理论主张人类的理解、认知和意义的形成是经验与思维规律相互作用的结果；能力有差异和文化背景不同的学生，可以通过共同的学习任务，围绕学习活动开展合作学习，进而在某一领域内建立共同的认知，突出了学生在认知与学习中的主体地位。在大数据分析视野下，翻转课堂能够根据某一主题设计教学活动，并由此建立以学生为中心的教学模式，使学生在自主学习的过程中实现自主建构。

（三）元认知学说

弗拉维尔首先提出了元认知学说。元认知是指个人在自己的认知过程中，认知并调节学习过程的一种能力。不但如此，元认知是对人类思考过程和活动的认识与管理。从这个意义上分析，元认知可以分为元认知知识和元认知控制两个部分。在翻转课堂教学

模式下，学生学习的过程便是一种不断利用感知建立新知识，并进一步进行知识内化的元认知过程。

（四）交互决策理论

交互决策理论是在吸收了现有教学理论的基础上，借鉴了行为主义、人本主义、人类心理学等相关知识的优势构建出来的。该学说指出，人类的行动与自然环境等诸多因素之间并非割裂的，而是有着密不可分的联系，因为它们互相联系、彼此影响。简单来说，事物间就是相互影响的。大数据分析视野下的翻转课堂，就是通过大数据分析环境因素、人的心理影响和行为影响等，表明自然环境和人的行为之间的交互性是相互作用的重要结果。

三、大数据时代下大学英语翻转课堂模式的建立

（一）大学英语翻转课堂可行性分析

在大学英语教学中使用翻转课堂是否有效，除建立理论知识之外还必须根据大学的英语课程体系加以系统性剖析，进而对将翻转课堂运用于大学英语教学的可行性加以分析，以加强翻转课堂教学模式的有效性和科学性。

1. 教师因素

大学英语教师的自身综合素养和接受新鲜事物的能力相对较高，因此可以主动适应大数据环境，并可以迅速地达到翻转课堂对教师教学能力的要求。另外，大多数大学英语教师使用计算机教学的能力也相对较高，信息接收能力较强，这也要求翻转课堂的建立必须获得教师的大力支持，从而更迅速地推进翻转课堂的实施。

2. 学生因素

在校大学生的综合素养相对较高，具有自主学习的基本能力和学习意识，可以独立

利用微课进行学习，所以他们可以把微课教学和课堂练习有机结合起来，也可以通过对自主学习过程进行信息整理，总结出学习成果以及学习过程中的不足，使翻转课堂教学模式得到实现。

3. 课堂环境因素

从课堂的教学环境分析，将翻转课堂和传统课堂相比较，课堂教学环境已由封闭走向开放，且开放程度愈来愈高。学校也为学生自主掌握各种信息资源提供支持，学生利用网络教学平台既可获取需要的教学资料，也可实现更及时的学习交流，或者得到其他教师的帮助。学校教学环境较为完善，为实施翻转课堂教学模式提供了保障。

（二）大学英语教学视频制作

在大数据背景下，翻转课堂的建立往往需要相应的教学视频作为支撑。目前，教学视频的开发形式可以分为两类，一类是直接在网上搜索，这个方式虽然比较简单，但是没有针对性；另一类则是教师自己研发，虽然这个方式要花费巨大的人力，但是针对性比较强，是目前制作教学视频最常见的方法。教师要做出高质量的教学视频，就必须完成以下基础环节。

1. 设定学习目标

教师要针对学生的英语学习能力和教学内容，对利用课堂教学视频所要实现的教学目标加以选择，并检查教学视频是否可以推动课堂教学目标的实现，以便开发出有利于实现翻转课堂教学目标的视频。至于较简单的课程，教师也可以选用较简易的教学手段，比如课件等。

2. 制作教学视频

针对不同的教学视频，需要选用不同的制作工具，技术要求不高的可以选用较简易的工具，技术要求严格的则需要选用专业视频制作工具。设计教学视频时要重视学生的认知特点，要保证与课程高度符合，从而保证制作的教学视频可以满足翻转课堂的教学需要。

3. 修改教学视频

教学视频制作完成后，教师要根据学生的情况，对视频做出后期的修改，主要是调整视频的清晰度与时长。同时，教师还要依据实际情况对教学视频做出科学合理的增删，保证视频的质量。

教学视频将通过网络学习资源平台提供给学生，但由于各学校操作系统不同，所以发布资源的形式也可以多种多样，既可以通过学校外部网络平台发布，也可以通过学校局域网发布。在发布视频时，既要充分考虑教师操作的便利性，也要兼顾学生的实际状况，一切都以简单、有效作为发布视频的基本准则。

（三）翻转课堂中的大数据运用

在大数据背景与翻转课堂教学模式下，学校需要充分发挥大数据优势，合理有效地利用大数据，对教学平台的资源进行分析与整合，对学生的学习数据进行优化和分析。

1. 教学平台资源的分析与整合

在大数据时代下，优秀的英语教学资源非常宝贵，这将产生一个全新的问题，也就是大数据资源价值密度下降的问题。这就要求学校运用大数据优势，实现平台资源的融合。教师运用大数据分析优势，对学生的学习需求进行信息收集和分类，对学生的视频学习数据痕迹分析总结，掌握学生对英语学习的个性化需求，进而针对学生的兴趣与需求，选取最适合学生的内容制作成教学视频。如此，就可以大幅度提高课堂学习效率，调动学生学习英语的积极性，进而建立起有利于学生学习的大数据平台。

2. 学生学习数据的优化和分析

在传统的英语教学模式下，教师会针对学生的英语学习需求进行指导，这就为翻转课堂的实施打下了基础。在大数据时代下，学校需要进一步发挥大数据优势，通过教师的角色转换，运用大数据对学生的英语学习情况进行分类，掌握学生学习的普遍特征、规律、习惯、喜好等，并及时分析翻转课堂教学模式下学生的信息接收方式，以便更有效地对翻转课堂教学模式加以优化，从而让大数据资源也得以进一步优化，使其适应学生的英语学习需求，从而激发学生学习英语的主观能动性。

（四）在翻转课堂中学生自主学习的监督和管理

首先，要充分利用大数据分析和网络平台的实时资源优势。翻转课堂一般以学生自主学习为主，所以教学视频成为重要的知识传播载体。由于大数据具有实时监控的特点，因此教师能够运用大数据对学生的英语学习过程实施监督，及时掌握学生在线学习的痕迹，包括在线学习时间等信息。对学生的学习状况也可以实施监测，对遇到问题的学生及时提供帮助。将学生对翻转课堂的评价等信息有机整合在一起，可以达到对学生学习的有效管理。

其次，借助网络监测功能。为更有效地了解学生的在线学习效果，在学生观看教学视频时，教师可按照教学内容，在视频中穿插某些测试性质的题目，从而使学生在主动学习的基础上尽快完成训练。如果学生不能自主完成学习，对教学视频的内容也不熟悉，则难以完成线下测试，反向实现了对学生在线学习的有效监督与管理。

（五）大数据时代下的翻转课堂教学评价

1. 大数据分析优化过程性评价

过程性评价一直以来是大学英语教学评价的薄弱环节，而大数据提供了技术支持，教师能够运用大数据分析手段，对学生的复习过程进行科学、高效的数据收集与整理，再基于过程性数据进行科学合理的分类与总结，进而对学生的学习情况进行客观、及时的过程性评价，使学生基于过程性评价及时调节复习进度、调整学习状态等，并以此实现课堂评价的导学作用。

2. 大数据分析优化评价方法

传统的大学英语教学评价多以课堂测试的形式进行，但这种评价方法不仅单一，而且实际效果不佳。在大数据时代下，翻转课堂教学评价方法将获得进一步完善。教师可利用大数据分析技术，增加在线测试、学生问卷调查等评价方法，丰富课堂教学评价方法，并利用互联网的互动优势，综合学生自评、互评等，扩大评价主体。通过优化评价方法，将过程性评价与结果性评价融合，将教师评价与学生评价融合，进一步增强翻转课堂教学评价的科学性与有效性。

大数据对大学英语教学产生着重要的影响，构建大学英语翻转课堂教学模式是计算机技术发展和课堂教学融合的成果，教师应加强教学改革意识，依托大数据发展背景，建立有效的翻转课堂教学模式。建立翻转课堂教学模式并非一项简单的工作，需要教师结合大学英语教学实际情况，进一步提升信息化素养，充分运用大数据，逐步改变传统的英语教学模式。

第六章 大学英语教学中的文化自觉与自信

第一节 大学英语教学与文化自信

文化自信是当前我国最重要的人文课程之一，因此文化自信研究必须加强主题研究。本节反思了当前大学英语教学目标、教学内容和课堂主体意识等方面存在的不足，在此基础上开展文化自信视野下的大学英语教学实践，即以传承中华文明为教育目标、以发展中华文化为教学内容，实现学生认知中文价值的教育目的。

在全球化背景下，高等学校教育应主动承担责任，开展培养学生文化自信的研究与实践。那么，究竟什么是文化自信？大学英语教学与文化自信之间有什么正向关联？当代大学英语在教学方面又有哪些文化上的不足，该如何改革？下文将进一步阐述。

一、文化自信及研究概述

所有研究都要从概念开始，并以概念为中心构建话语谱系。首先，什么是文化？文化是从根本上反映人类生存认知与对象性的活动。中文里的“文化”一词出自《易经》，大意是人类根据对自然现象的认识进行改造活动，在这个过程中彰显出意义。英文culture则源于拉丁文colere，原指对人的能力进行培养和训练，使之超乎单纯的自然状态，至十七八世纪，这个含义扩展至一切将人为力量加诸自然物上的成果。由此可以看到，无论是“文化”，还是culture，表达的都是人类源于物质、走向精神的活动，是人类对意义和价值的追寻。追寻这种意义与价值的主体，便能在有关认知、比较、反思的基础上产生文化自信，并演化出各种物质和非物质载体，其中最重要的便是符号。

所有的文化都依赖于符号。纵观人类全部的物质与非物质符号，最具有建构性的就是话语，通过话语，主体描述现实，建构价值，并由此外化和建构隐性的文化。因此，文化自信离不开话语。文化自信是一个国家、一个民族对自身文化价值的充足肯定和积极践行，并对其文化的生命力抱有的坚定信心。文化自信以价值为核心，以话语为中介，而价值与话语都离不开主体。

培养大学生的文化自信在很大程度上是思想政治教育课程的主要目标，而对结合其他科目培养大学生文化自信的研究相对不足，因此，文化自信与非思政课程的内在关联值得思考。如何利用学科特点挖掘隐性资源，并在此基础上开展教学实践，促进大学生文化自信培养的多元化发展，是目前要解决的问题。

二、培养文化自信是大学英语课程的新意义

学校教育的主要手段是课程，学科课程传递教育的内容、体现价值的取向、影响学生的成长。就语言课程而言，一方面，语言课程具有独特的目的—手段二重性，它不仅体现知性，更具备人性，对学生的世界观、人生观和价值观会产生直接而特别的影响。另一方面，语言不仅表达对象，更表达价值，但并不意味着英语课程只能传递英语国家的语言与文化，或只拥趸英语国家的语言与文化。正如语言通过“对话”产生意义，文化也以“他者”为镜像。不同文化的冲击带来的不只有挑战，也有机会。在大学英语课程中，英语文化和中国文化并举，一方面能够促进学生从不同的视域观察中国文化，另一方面可以更加全面、客观地认识英语文化，从而通过“视域融合”，对比、发现不同文化的独特价值，获得文化自觉和文化自信。实际上，21世纪以来，越来越多的学者认为，语言课程应该更加积极地培育学生的语言和文化批判意识和能力，引领学生学会透过语言的表层含义，对语言及其文化批判性地分析与认识。如此，学生不但能获得语言知识与技能等“语言结果”，还能由文化批判触发文化自觉、文化多元化等“非语言结

果”。作为更高层次的社会化内容，在全球化背景下，大学英语教育应当培养具有国际视野的爱国公民。

三、文化自信视域下大学英语课程的不足

令人遗憾的是，目前相关研究仍然表明，大学英语课程并没有促进“生产性双语现象”。大学英语整体呈现出课程目标迷失、课程内容遮蔽和课程主体素养不足等问题。

（一）大学英语课程目标迷失

既没有无教育的教学，也没有无教学的教育。任何课程都集合了教学性目标和教育性目标，教学性目标关注学科的特定传递，教育性目标关注学生的全面发展，两者是手段与目的的关系。当前的大学课程越来越具有“符号表征”，越来越成为一种“文本”，通过这种“文本”，可以解读和构建出多元的意义，如政治意义、种族意义、性别意义、审美意义、个性意义，等等。然而，无论是受传统语言学关注句法、结构语言学关注形式分析，还是交际语言学注重语言技能的影响，大学英语课程的教学目标始终局限在英语词汇、句法、表达方式等的传授上，缺少或忽视了英语课程深层的教育价值。如今，提高大学生的人文素养较为迫切，因为英语教育不再是让学生通过语言去认识世界，而是通过语言去塑造自我。英语教育应培养的人文精神和跨文化交流能力丢失，大学英语课程目标迷失，是英语学科危机的源头。

（二）大学英语课程内容遮蔽

在全球化背景下，跨文化交流应互相参照，促使人类文明走向“各美其美，美人之美，美美与共，天下大同”。然而，作为课程内容最根本的反映，许多大学英语教材存在“中国文化失语”的问题，大学生仍旧单向地沉浸在“英美文化”之中，以至于出现学生无法主动、有效地输出本国文化的现象。因此，学校与教师应保持英语课程内不同

文化的平衡，使母语文化产生正向迁移。

（三）大学英语课程主体素养不足

课程设计既为了人，也依靠人。大学英语课程要平衡目标与内容，课程主体是关键，尤其是大学英语教师的综合素养，然而，当前许多大学英语教师的综合素养有待提高。在实际教学中，大学英语教师往往能对英语历史事件与文化如数家珍，但对母语文化存在“陌生感”，所以在跨文化交流中教师只能介绍“彼岸风光”，而学生在新鲜劲过去之后，往往陷入“审美疲劳”，无法将课程内容与现实生活联系起来，从而产生无用感。想要扭转这种局面，大学英语教师需要立在时代的潮头，建立超语言意识，关注本国社会与文化发展，具有宏观的价值追求和跨学科视野，秉持历史思维，学会用辩证的眼光看待事物，成为能在大学英语课堂上促进语言、社会与文化多方互动的优秀教师。

四、文化自信视域下大学英语课程实践

课程目标、课程内容、课程呈现方式和课程评价是课程框架四要素。总体来说，在文化自信视域下，大学英语课程应全面转向，只有促使语言微课程与社会大课程交流互通，才有可能开展真正的跨文化交流，促进文明的互相借鉴。

（一）课程目标：传播中华文化

想要培养文化自信，大学英语课程首先要完善教学目标。

大学英语课程目标并不是一成不变的，而是要密切联系国家发展战略变化。刚走向世界时，我们需要以英语为工具，使用英语具有合理性。1979 年以来，尤其是进入 21 世纪后，“文化强国”和“中国文化走出去”成为国家战略，国家和社会有了新需求，增强国家的语言实力，传播中华文化，促进与各国人民的交往，提升国家软实力成为时代的主题。而新需求并不是要剥夺或弱化英语文化，而是要补充和强化缺少的母语文化，

帮助学生实现学习世界先进经验和传播中华文化的双重教育目标。

（二）课程内容：鼓励“中国英语”

大学英语课程要如何传播中华文化？什么样的课程能促进这一课程目标的实现？随着全球化进程的加快，英语已经成为国际通用语言，并且短时期内不会改变，传统的英语单语模式逐渐转变为多语及多文化共存、融合的复合范式，成为当代英语使用语境的一种新常态。在这样的背景下，用英语传播本国文化，成为实现中华文化“走出去”的重要途径，即以纯正的英语表现中国特有的文化，葛传椝先生称之为“中国英语”。和“中式英语”不一样，中国英语是具有无法避免或有利于传播中华文化的中国特点的英语变体，中国英语是东西方文化交流的产物，从文化的空缺中诞生。中国英语同时关注中华文化的“有形之物”（如建筑物等）和“无形之物”（如人生信念、社会准则等），前者是文化认知，后者是文化认同。就文化认知来说，中国英语一方面要表现中华传统文化，包括思想、教育、文学、艺术、科技、建筑、历史、语言、文字等，另一方面，也要投射当代中国的基本国情。文化认同不是文化乡愁，不是对过去的怀念，而是对现下的定位和对将来的想象。文化认同要在物的机械运动中开辟出价值和理想的世界。大学英语要培养文化自信，不能仅停留在介绍表层文化上，而应展开对深层文化的鉴赏。大学生风华正茂，思想活跃，易于接受新鲜事物，但同时也缺乏“扬弃能力”，所以进行中西文化的对比与交流十分重要。实际上，西方社会正不断反思自身主体文化，思索如何打破“二元对立”的思维屏障，而中华文化中的“二元融合”，原就是“文化资本”，也是文化自信的源泉。

（三）课程呈现方式：开展中国话语

文化自信的生成有其自身的规律：文化认知是前提，文化交流是条件，掌握文化话语权则是重点。在培养文化自信方面，大学英语课程应打破语言教学的禁锢，课程呈现方式应基于语言、超越语言、走向文化。考虑到文化的话语中介性，这一过程可以以中国话语为抓手，围绕一系列的传统或当代文化事件，达到语言表征与文化意识的驱动与优化。

也就是说，文化自信视域下的大学英语课程，认同教学是活动，是师生在具体的教学中协同合作、创造经验的过程，在这个过程中，教学主体的担当，课堂机制的促发和课堂媒介的丰富非常关键。

第一，“师生即课程”。大学英语教师肩担语言和文化的双重使命，在教学中，要超越“技术理性”，追求“实践理性”和“解放理性”，力求以坚实的英语语言底蕴、深厚的中华文化素养，不但能解答语言学习上的问题，还能引导言语认知的旅程，帮助学生增强言说主体意识，优化言说内容与形式，巩固言说社会文化效果。作为传播中华文化的主体，学生本身、学生之间同样具有强大的主体意识、能动性和创造性，通过话语引导，探究发现、研讨等认知活动，不但能传递文化认知，文化认同更值得期待。

第二，“活动产生意义”。教育就是将逻辑的经验还原为心理经验。文化自信实质是一种心理经验，是直接的、鲜活的和内隐的，学生需要通过学习等实践活动发挥主体性、交互作用和解决问题的能力，从而获得对世界的整体认知。具体来说，文化自信视域下，课堂教学倡导由生活出发，结合一系列具有文化特色的事物，用真实并符合学生语言水平的任务，不但指向发音、词语、句法等语言产出，更借助互证、互释，展开言语实践，以验证、对比和鉴赏不同文明及其语言的历史背景和现实意义，学习掌握深层的价值观念、文化规则和态度等。

第三，“媒介即素养”。在大众传媒时代，教育需要培养学生的媒介素养，使学生具有媒介的使用能力和对媒介的批判意识。文化自信视域下，教学资料应包括语言、交际和文化因素，促使真正的、双向的跨文化交际活动发生。具体来说，大学英语课程除了介绍英语文化外，还应弘扬本国文化，以相关性、真实性、适用性、时代性、多模态性兼有的教学资源，加强学生对不同文化话语的理解，帮助学生树立平等、包容、合作、共赢的文化态度。在信息时代，第一课堂和第二课堂边界不明晰，线下与线上融合的立体化教学得到鼓励，学生可以在课堂上展开中国话语讨论，再以线上课程为平台，反观中国话语，促进语言技能和文化自信的双重提高。

（四）课程评价：认同中国价值

课程评价的实质是通过课程内容和课程呈现方式，考察课程目标的完成程度。文化自信是认知，更是态度。文化自信视域下的大学英语课程是否达到预期目标，主要是考查学生课程前后文化自觉、文化自省和文化自信发生的转变。在文化自觉上，课程是否提高了学生多元文化意识和本土价值认知；在文化自省上，课程是否帮助学生建立了文化批评意识和辩证文化态度；在文化自信上，课程是否拓展了学生主体身份、本土价值认同和精神生活质量的新维度。文化是表意的实践活动，也是独特生活方式的描述，通过考查学生中国英语的输出能力和中国话语的实践行为，文化自信视域下的大学英语课程力求思想的全部功能在于形成行动的习惯，这就是“知行合一”。

文化自信是我国当代重大的社会和文化课题。文化自信以价值为核心，以话语为中介。以语言和话语为媒介，构建中国文化话语将成为当下和以后较长一段时间内重要的社会实践。培养文化自信，主体研究十分重要，也更加具有现实性。培养当代大学生的文化自信，应该紧密联系大学生的实际生活。课程的内核必定是文化。大学英语课程是中西方文化交流与融合的主要渠道之一，应是表意、交流和思考的三方互动。不同文化的自身反思与视域融合，将中华文化输送至异国，大学英语课程应突出社会取向，填充母语文化内容，开展中华文化语言实践，促进价值认同，帮助学生讲述中国故事，凝练中国话语，弘扬中国价值，成为文化自觉与文化自信的新一代。

第二节 大学英语教材与文化自觉

大学英语教材是学生和目的语文化产生联系的重要载体，文化自信使学生能够了解母语文化与其他文化之间的差别，而且能从不同的文化角度反观母语文化，而不是盲目歧视相异文化或被之同化。

语言是文化的产物，同时也是文化的载体，一个人学习和使用一门语言，但不学习这种语言的文化是不可能的。跨文化交际是现代交际必然出现的现象，跨文化交际能力也成为现代交际能力的重要组成部分。文化自觉指生活在一定文化中的人对自身文化有“自知之明”，明白自身文化的产生、发展过程、特点和发展方向，不带任何“文化回归”的意味，不是“复旧”，也不倡导“全盘西化”或“全盘他化”。“自知之明”意在加强文化转型的自主能力，取得适应新环境、新时代文化选择的自主地位。文化自觉使人能认识到母语文化与其他文化之间的差异与相同之处，能够从另一个不同的参照系反观母语文化，同时又能对其他文化采取客观的立场，而不是盲目地排斥或被同化。培养这种文化自觉，需要在接触其他文化的过程中深入解析这种文化的内涵，在明晰母语文化身份的基础上理解“他者”，从而完成文化身份的重新构建。教材是实现教学目标的主要载体，而大学英语教材促使大学生与英语文化产生接触和交往，这是大学生明晰母语文化身份以及进行文化身份重新建构的过程。因此，大学英语教材要帮助大学生意识到文化自觉的重要性，更积极地理解世界文化，提高跨文化意识和能力。

大学英语教材重在关注不同语言承托的文化在深层结构，即价值观和思考逻辑上的差异，而不只是介绍交往礼仪、风土人情和时政要闻等，让大学生具备从不同的文化中吸收养分的能力，发展对语言和文化的认知和元认知，明白母语文化和英语文化不是分隔和对立的，从而获得世界的整体性认知。因此，在大学英语教材中更应凸显文化自觉的重要性。

一、现行教材中文化的缺失

想做到文化自觉，学生首先要认识母语文化，充分认识历史和传统，理解接触到的多元文化，才能在这个多元文化的世界里确立自己的位置。大学英语教材要科学合理地分配英语国家文化、中华文化和国际文化的知识比例，才能适应全球多元文化的发展。中华文化在大学英语教材中至少有以下两方面的主要作用：

（1）对比中华文化与英语文化，能更加深刻地认识到英语文化的特点，从而加深对中华文化和英语文化根本特征的理解；

（2）调整学生的文化观念，培养学生对英语文化的客观态度，提高学生对学习英语的积极性。

我国的大学英语教学一直以来主要是语法—翻译法，部分教师和学生往往忽视了教授和学习文化。而汉语和英语在时间取向上、思维上、文章结构上有较大的不同，学好英语其实不是一件容易的事情。因此，国内很多的大学英语课程为了避免在教学中以“己文化”度“他文化”，出现文化“负迁移”现象，十分重视为学生构建英语环境，在课堂上要求全英表达，有意识地回避中文和中华文化，只关注英语和英语文化。

大学英语教材中的母语文化缺失一定程度上造成了中华文化失语现象，例如，在上口语课时，外籍教师不知道学生说的“Kongzi”就是“Confucius”，而当外籍教师谈起中国的Confucianism（儒）、Taoism（道）时，学生不知道从何说起，更无法向外籍教师介绍中国的其他文化。从这种情况也可以看出许多大学英语教材忽视母语文化的传授，使大学生不理解、不重视中华文化的英语表述，在跨文化交际中很难向外输出中华文化，在学习英语的过程中容易盲目接受英语文化，反而远离自己国家的文化传统。事实上，学生在接受正规教育时就已经开始内化母语文化的价值观，英语教学没有必要切断学生与中华文化之间的脐带。大学英语教材应重视中华文化并传授将中华文化翻译成英文的方法，让学生熟悉中华文化的英语表述，学会利用英语介绍中华文化。

成熟的英语学生会认为英语和汉语的学习是相互促进的，对英语文化的深层理解和欣赏与对中华文化的深层理解和欣赏也是相辅相成的。中国优秀的英语学习者都精通中华文化，因为不理解本国文化很难学好外国的语言和文化。学习英语并不意味着被英语文化同化，而是学会站在一个新的角度去看待中华文化和英语文化，学会理解和包容不同的文化。只有对中华优秀传统文化有充足的认识和掌握，才能理解英语文化，并逐渐拓展自身的跨文化心理空间，从而对文化的多元性展现出宽容大度、兼容并蓄的跨文化人格。

二、现行教材中对英语深层文化的忽视

文化是知识、信仰、价值观、时间观念、空间关系、宇宙观沉积的综合物，是一个人类群体通过数代的努力获取的物质和精神财富。文化可以分成两类，即表层文化和深层文化。前者包括服饰、建筑、交通工具和通信手段等；后者是软文化，即精神文化，其核心是观念，而观念的核心是价值观念。深层文化的内涵大大超出表层文化，深层文化包括法律观念、道德观念、人权观念、婚姻观念、个人与群体观念等，是文化的内核，是民族文化的灵魂，决定着文化的特点和品格。想要理解英语文化，重点是理解英语文化中的深层文化，因为文化中深层隐藏的东西大大多于表面显露的，在文化深处隐藏的

东西很难被自身的参与者意识到。而文化在“深层结构”上不易变动，相对而言，文化在“表层结构”上自然是有变动的，而且变动是常事。

国内大学英语教材的编写者和研究者通常较为重视英语文化的表达，但是在教材中经常只强调了英语的表层文化，而忽略了英语文化的深层内容。由于大学生接触的基本上是英语文化的表层，所以自然缺失对英语文化深层次的了解。例如，在翻译“鱼米之乡”时，学生通常会说“land of fish and rice”，可外籍教师并不理解，因为英文中的类似表述可以使用“flowing with milk and honey”，意为“牛奶和蜂蜜四处流淌的地方”。这样的表述也反映出了中国传统农耕文化和西方文化的差异。因此，对学生的英语交际障碍进行分析时，不能简单地认为是中国学生内向不敢表达、词汇量不够或者不熟悉句法，还应该考虑到大学英语教材中英语深层文化的缺失。

苏霍姆林斯基曾尝试促进学生的思维，试过很多方法后，得出的最有效的方法就是扩大学生的阅读范围。因此，在大学英语教材中应该关注学生的阅读广度和深度，要让学生对英语文化有整体的认知和了解，注意克服因自身文化定式可能造成的对其他文化过度简化的概括甚至偏见，认真汲取英语文化中的人类文化遗产。如今，全球化趋势越来越明显，在应对这一趋势的过程中，文化自觉不仅是要理解与把握自身文化，更要深度、全面地认识其他文化。

三、大学英语教材中的文化自觉

在如今西方文化占据“强势”的全球文化格局下，更需要大学生树立本民族的“文化自觉”，因为只有拥有文化自觉的人才能更明白不同文化接触时的彼此关系以及判断如何确立自身的文化认同。通过与其他文化进行交流，人们感到自己属于某一种文化。所有文化都是在与其他文化的沟通中，或是在其他文化的对立面来定义自己；通过揭示与其他文化的不同，人类感到自身属于哪一种文化。文化身份的确立离不开“他者”，此处的“他者”是相对于“自我”的一个参照系，通过与“他者”的对比认识“自我”，定义“自我”。

其实，之所以要进行文化认同，是由于有“他者”存在，担心被“他者”同化而失去自我，如果没有“他者”，也就没有确认自身文化的意义和必要性。一个人或民族通过与“他者”的区分来确定自我的身份认同，每一种文化的发展和维护都需要一种与其不同并且与其相竞的另一个文化的存在。理解他者，建立自己的文化身份，一定要深入英语文化的核心，要在大学英语教材中体现出英语的深层文化，加强对英语深层文化的真正理解。

（一）大学英语教材须加强英语经典文献阅读

想解决现代社会面临的理性问题，就要重视大学教育，完善学生的天性，使学生了解关于人与人类的永恒课题，这就需要在大学英语教学中进行通识教育，回归文本，阅读英语经典。让学生了解名著，主动追求卓越与德行的完美，在学生进入专业领域之前，首先学习“西方经典”。学习英语经典的课程会发掘出共通的人性元素，因为这些人性元素能将人与人联系起来，将人类历史上的最精彩的思维联系起来，是学生进一步学习和了解世界的基石。经典名著在所有时期都具有现实意义，这就是其成为经典的原因。学生要阅读英语原著，最佳方式是将注意力放在经典著作本身，而不是放在论述著作的书籍上，必须让学生与经典面对面地碰撞。

大学英语教材应包含哲学的内容。古希腊人创造了“哲学”这个词，意为“热爱智慧”。古希腊人把热爱智慧、追求智慧作为人的始终如一的精神状态。从毕达哥拉斯、苏格拉底、柏拉图、亚里士多德、西塞罗，到卢梭、孟德斯鸠、康德，西方哲学大师对西方的思维方式、民族性格、公民文化及追求民主、自由、科学、理性的精神都做出了巨大贡献。中国文化中有“天人合一”，而西方文化有“天人相分”的观点；中国文化遵从集体取向，而西方文化崇尚单打独斗；中国文化常缅怀过去，而西方文化多畅想未来；中国文化注重整体思维与感性思维，而西方文化重视逻辑思维、理性思维；汉语具有螺旋式的篇章结构，而英语表现出直线式的篇章结构。

哲学的使命在于把单独、具象的东西与更常见、普通的东西联系起来，最终深入人与自然融为一体的境界。哲学也是所有精神活动的核心，每一种科学活动，甚至每一种人类对具体目标努力的活动，都要依据哲学确立方向，并从哲学中获取生命力。就语言来看，哲学在有利的层次几乎影响了所有方面，在一个民族中，科学教育的性质越偏向哲学，就越有助于语言的发展。因此，加深大学生对最基本的哲学层面上的文化认识，不仅有利于提高大学生的跨文化交际意识，而且有利于提高大学生阅读、写作和听力等各方面的语言技能。

大学英语教材应包括经典文学的内容。文化能够以文学做载体表达自己，文学是英语教学中的重要部分，因为文学的重要功能之一就是作为媒介传播。没有文学，就不能发掘他国文化独一无二的地方，就不能从深层次去理解多种叙事文体，从而也无法理解其他文化中国家和人民的异同；无论是全球的经济发展，还是多民族的社会发展，都需要公民能够了解自身和他国的语言、传统、文化和历史。文学文本是学生能利用的语言资源，阅读经典文学作品能帮助学生提高语言能力。利用英语文学作品去解说包含其中的英语文化的价值观，可以帮助学生重新认识在原有的文化环境中获得的价值观，文学作品相当于提供了一个新的视角，帮助学生了解文化之间的异同。

大学英语教学中的文本可以用于教授文化。目前，部分大学英语教材中的阅读材料只是教材编写者根据不同的英语难度构建的语言体系，使教材变成了没有文学意义的读本。古典文学因代代相传而得以长期存在，其蕴含的力量影响至今，这些文学作品播种着生机，因为它们自身就是来自完整的生命，但是许多大学英语教材中并不包括这方面的内容。其实，古典文化对英语文学产生了深刻而长远的影响，不了解古典文化，在一定程度上就失去了欣赏和了解英语国家文学和艺术的机会。对于一名大学生来说，在学习英语的过程中了解一些古典文化非常重要。大学英语教材应该涉及西方经典原著的内容，因为这部分内容可能是学生在繁忙的日常生活中没有时间和机会去接触的。经典文学是人类智力成就的共同基础，学习经典名著中语言的句法、坚韧性及自我克制的精神，可以增强个性，提高个人的道德水平，实现大学英语教材的人文价值和工具价值的融合。

（二）大学英语教材须加强母语文化的目的语表述

语言是国家的灵魂，可以通过语言分析发现国民性。因为语言学习本身应该是一种双向交流，文化输出和文化输入具有同等地位，没有文化输出就变成单方面的文化引进，跨文化交际表达的是双向的交际行为，绝不仅局限于对目的语文化的理解，还包括与对方的文化共享和对对方的文化影响。大学英语学习并不是抛弃母语的过程，实际上正是与异文化的接触，才更能让学生意识到自己的文化，才更能让学生意识到自己的文化身份，如果没有文化他者的存在，母语文化传统就只是一种未经比较和反思的智慧。他者提供一个参照系，在与参照系的比照中可以重新认识自我以及文化传统。

大学英语教材中的文化内容只有通过文化对比，才能促使学生对文化进行国际性的思考，继而提高学生的综合文化素质。因此大学英语教材应该包括：（1）目的语文化材料，即以英语为母语的地方的文化；（2）源文化材料，即学生自己的文化。教授文化时，教师应该记住的是需要增强学生的母语文化意识，母语文化是与目的语文化进行比较的基础，这样方能显现目的语文化的主要特色，同时使学生对母语文化和目的语文化中的精华部分产生深层理解，只有这样，学生才能获得跨文化交际所必需的容忍度和敏感度。大学英语教材应加强对母语文化的哲学、文学和古典文化的目的语表述。首先，是帮助学生意识到自己的母语文化，意识到自己的文化身份，帮助学生认识自我、理解主体，在学习目的语文化时加深和强化自己的文化，使他们学会表达自我，树立民族自信心，增强民族自豪感和平等的交际意识。其次，要深化对目的语文化的“非西方视角”探索，推进中西方文化的平等对话，要在中外师生的交流中，培养学生输出母语文化的意识，保证文化的双向传输，用目的语介绍、传播中华文化，增进外国人对中华文化的了解，维护中华文化的话语权，从而在交际中处于较为有利的地位。第三，在和西方世界保持接触、进行交流的过程中，把中华文化中的精华传播出去，使其变成世界性的，获得中华文化的话语权，不是让中华文化与西方文化对立起来，或者简单地以民族自豪感取代文化交流中实事求是的态度，而是使学生意识到中国的历史和文化是世界的一部分，自己不仅是中国文化的传承者，也是世界的一分子，是世界文明的延续者，这正是外语教材的桥梁作用。

现行的许多大学英语教材中缺失用“地道”英语表述的母语文化内容，中国学生在中外师生交往中很难用英语准确地表述自己的母语文化。同时，许多大学英语教材忽视目的语文化的深层文化内核，如价值观、与语言文字有关的思维方式和信仰等，中国学生面对所学的目的语文化，因为未能接触到文化的内核，徘徊在他者文化的边缘，导致理解的障碍。

文化自觉是一个艰巨的过程，首先要认识自己的文化，理解接触到的多种文化。一种文化只有努力保持自身的凝聚力，同时吸收异文化的精华，才能使自身得以提升。一种文化如果缺乏凝聚力，在世界多元文化中处于一种消极保守的状态，不及时吸取异文化的优点，最终将失去发展的机会，很可能会被同化。母语文化和目的语文化之间既不是简单的认同，也不是彻底的疏离，而是辩证的统一关系。在未来的教材编写中应将母语文化和目的语文化内容分层次、系统地纳入大学英语教材，让学生接触到中外经典作品，帮助学生意识到文化自觉的重要性，确立自己的文化身份，客观地评价中西方文化的异同，帮助学生从不同的视角去认识、观察世界，从而更深刻地理解自我，学会融合母语文化和目的语文化的不同思维方式和价值观念，培养学生的批判性思维和解决问题的能力，继承人类的共有传统和价值观。

第三节 大学英语教师与文化自信

语言是思想上层建筑的重要组成部分，它具有社会文化属性，承载着特定的文化内涵，并存在一定程度的阶级属性和意识形态属性。学习某种语言时，学生不可避免地会接触、了解它所包含的文化意义和价值意义，并在一定程度上受其影响，重塑自身的文化价值观念。大学英语作为我国本科教育中学分比重较大、持续周期较长的人文社会科学课程，对大学生文化价值观的影响不可小视。学生在学习英语和西方文化的同时，母语和母语文化认同会受到很大冲击，这是一个值得引起重视的问题。

大学生对英语学习的重要性有着广泛认同。因为英语学习成绩影响着学生的毕业、考研、就业和出国深造等未来生活的各方面，很多学生对英语学习投入了大量的精力。同时，许多英语教师鼓励学生全方位地接触目的语文化以提高语言水平，很多学生不仅广泛阅读各种英语学习书籍，而且大量接触英语影、视、歌以及各种网络交流形式，因为他们认为只有更深入地沉浸在英语文化环境中才能更好地学习这门语言。

英语教师在加强大学生文化自觉和自信方面的责任巨大。很难想象一个缺乏民族精神和文化自信的国家能够长久地屹立于世界民族之林。培养青年学生对中华优秀传统文化的自觉和自信，让他们在横向的文化开拓与纵向的文明传承中分辨是非，把握方向，明确目标，不仅仅是大学生思想政治教育工作者的时代课题，也是全体教师的重要责任。正如中共中央国务院在《关于进一步加强和改进大学生思想政治教育的意见》中所指出的，“高等学校各门课程都具有育人功能，所有教师都负有育人职责”。英语教师作为学生与异域文化之间的桥梁，尤其要认识到并承担起自己肩上的重任。大学英语的教学内容非常丰富，课文涉及文史哲各方面的知识，大学英语教师完全可以深入发掘其思想政治教育资源，并通过各种渠道积极传播中华优秀传统文化，使学生在学习英语过程中，自觉加强思想道德修养，提高自身的本土文化素质，加强文化自觉和自信，成为未来建设祖国的中坚力量。正确引导学生的文化价值观，首先要求教师端正自身的价值观，提升母语文化素养。由于自身多年受到目的语文化教学的影响，很多大学英语教师在教学中可能会更多地表现目的语文化。作为中国人，大学英语教师应该具有母语文化意识，在教授英语的同时主动思考自己在“育人”方面的双重责任。而教师的母语文化素养及认识将直接影响所培养的学生的文化素养结构、质量和内涵。因此，大学英语教师应该有意识地加强自己的本土文化修养，培养扎实过硬的汉语语言基本功，充实文学、历史、哲学乃至音乐、绘画等各方面的中外人文知识。

大学英语教师应该明确，目的语文化在课堂中的导入是为了让学生更好地了解一门语言以及使用这种语言的人们的思想及生活，更顺畅地理解不同文化之间的差异，站在一个新的角度和位置来更深刻地理解本民族文化，从而建构起更完善、更全面的价值观和世界观。绝不能不分良莠，一味追求西方文化的价值观。漠视母语文化对塑造人才、完善人性之不可替代的重要意义，这对民族、国家的复兴和发展是非常危险的。因此，大学英语教师应该时时注意自己的言行态度，明确自己中国人的身份，绝不能成为西方文化的代言人，并提醒学生端正其学习英语的目的和出发点，以引导者的身份启发学生做理性的分析和思考，得出客观的结论。

要在大学英语教学中传播中华优秀传统文化，培养学生的文化自觉和自信，首先应该让学生学会一些中华优秀传统及当代文化的表达方法。通用的大学英语教材中很少有这方面的内容，对于中华文化中的精髓，学生不知道如何用英语表达，就更谈不上作为文化使者在中外交往中传播中华文化。大学英语教师应努力让学生在语言中学习文化，在文化中学习语言，使学生能够用所学的英语知识比较地道地表述中外文化思想的相关内容，并做出恰当的评价，让学生在提高思辨能力的同时，体会到中华文化精髓的优秀之处。那么如何在大学英语教学和学习中合理地融入中华优秀传统文化呢？教师在讲解单词时，可以有意识地选择一些能够反映中华文化精髓的句子作为例句，既帮助学生学习了英语单词，又以很自然的方式使学生与中华优秀传统文化产生近距离接触。例如在讲解“impose”这个词的时候，教师不妨利用《论语》中的“己所不欲勿施于人（Do not impose on others what you do not desire.）”作为例句。这种引介自然而没有强加性，没有把英语课上成中华文化课或者思想政治教育课，但例句中所蕴含的人文与道德内容却可以自然而然、悄无声息地陶冶学生的人格，唤起学生对中华传统文化的兴趣和重视，达到“随风潜入夜，润物细无声”的效果。教师在组织课堂活动（例如小组讨论、辩论）时，可以在合适的时候引导学生在活动中思考并讨论中华传统文化中的相关元素。在学生能力不足的情况下，教师应加以指导性的补充。例如，中国古代哲学中的“爱”：儒家的“仁爱”思想，墨家的“兼爱天下”思想，道家的“慈爱”思想……在介绍这些思想的时候，教师可以同时讲解一些经典句子的英文翻译。当然，在师生双方能力许可的情况下，直接用英语讲述不失为一种更好的选择。由于课堂时间有限，这类补充不一定要多么系统或者深刻，即便是只言片语，也能让学生在深化英语学习的同时，体会中华传统文化的博大精深，丰富英语学习的内涵，强化民族意识，提升文化自觉和文化自信。在考试中增加中华文化元素不失为一种新的尝试。传统的英语等级考试、研究生英语考试，或者各大学自己命题的期末英语考试中很难见到对中华文化的考查。考试既是学习的检验手段，同时也是学习的方向标。如果在考试中能够适当增加此类内容，无疑会提高学生的重视程度。当然，测试的方式需要慎重考虑，应注意避免将对语言水平的测试变成对文化内容的测试。在阅读理解中增加相关的篇章是比较好的选择，既可以测试学生的阅读理解能力，同时又在客观上使他们接触相关内容，从而在潜移默化中增加对中国传统文化的了解和重视。

由英语教学发展而来的第二课堂活动是对英语课堂的补充、延伸和发展，是拓宽学生视野、激发学生学习兴趣、培养学生自主学习能力、提高学生综合素质的有效途径。在第二课堂的内容与主题设计上，如果能适当注入中华文化元素，将有效地提高学生对优秀母语文化的兴趣、关注和重视。例如，在英语知识竞赛的内容设计上，可以给出英文释义，看谁能最快地找出对应的汉语成语；或者用英语作为问答媒介，考查参赛者对中国文化的了解。这种内容设计可以很自然地将英语能力和本土文化知识结合起来，并增加此类活动的趣味性和新颖性。英语演讲比赛和英语角作为英语第二课堂活动的重要组成部分，在主题的设计上都可以适当地融入相关主题。

文化认同能够增强一个民族的凝聚力。当代大学生不仅是中国未来经济建设的主力，而且是维护和发扬民族文化的主体。增强大学生对优秀传统文化的认同，是思想政治教育的重要课题。大学英语教师对此项任务的积极参与，可以使大学英语课堂成为实现全员育人的广阔平台，丰富思想政治教育的实现途径和教育方法，用文化的张力减少思想政治教育的单调与枯燥，使大学英语教学成为对大学生进行母语文化教育的重要环节和有效途径。

第四节 大学英语教学中的中国文化与文化自信

在经济全球化、互联网高度发达的信息时代，文化已成为这个时代进步和发展的标志。文化是一个国家尊严的代表，国家是否能够真正和平崛起取决于文化建设的水平。每个中国人都有义务和责任将我国文化传承下去，并传播至世界各地。大学英语作为一门大学生必修的公共基础课，覆盖面广，波及力强，大学英语教师应充分利用课堂教学，在传授学生语言知识的同时，向学生传输西方文化和中国的传统文化，培养学生自觉的文化主体性和文化操守，让学生知己知彼，展示中国文化中积极而富有正能量的一面，突显中国的文化软实力。

一、当前大学英语教学中的“中国文化失语”

自 20 世纪 80 年代开始，语言学家们开始关注英语教学中的文化研究，并且已经取得了一些成绩。但是，这些研究往往只关注西方文化的导入，而对中国文化的导入很少提及，导致学生输出中国文化的能力不高，出现“中国文化失语”现象。“中国文化失语”现象主要表现在以下四个方面。

第一，课程设置的应试功利性。很长一段时间内，大学英语教学的课程设置大部分是为了让学生通过全国大学英语等级考试，所以教师注重语言知识的讲授和听、说、读、写、译等基本技能的训练。即便是全校性质的选修课，也只是设置一些迎合当下需求的英语写作、翻译和商务英语方面的课程。很多大学没有开设中国文化英语课，因此学生对如何用英语表达中国文化一窍不通，无法展开跨文化交流，当然也无法进行中国文化输出。

第二，教材编写的中英文化失衡。目前国内大学使用的英语教材大都是表现第一语言为英语的国家的文化，而表现中国传统文化的英文材料很少。学生从教材中感受到的都是英语文化的氛围，却学不到有关中国文化的英语表达，大学英语教材存在较高程度的文化失衡。

第三，英语教师的中国文化修养和文化平等意识欠缺。我国大学的部分英语教师本身缺少中国文化修养和文化平等意识，对中国文化的理解能力和跨文化交际能力有限，只能在课堂上重点讲解英语国家的文化，忽视了对中国本土优秀文化的传播，向学生提供的有关中国文化的英文素材十分稀少，学生掌握的中国文化的英语表达少得可怜，结果就是学生无法利用英语知识表达中国的本土文化，直接影响了学生对学习方向的判断，导致输出中国文化的能力不足，难以向世界传播中国文化。

第四，大学生中国文化的英语表达能力欠缺。学习外语不仅仅是简单学习另一门语言，更是对这门语言相关文化的学习。我国学生自接触英语以来，学习到的大多是英语国家的文化知识，而表达中国本土文化的能力非常有限，即使是英语专业的学生，也很少有人能将一些具有中国文化特色的词语准确地用英语表达出来。

二、大学英语教学中导入中国文化的必要性

每个民族都有其独特的文化，文化对世界融合和国家进步具有促进作用，更好地了解中国文化，引领中国文化走向世界是当代大学生的使命。在大学英语教学中导入中国文化，一方面可以让我国优秀的传统文化得到传承，另一方面可以促进我国的文化走向世界，增强文化软实力。在大学英语教学中导入中国文化的必要性主要表现在三个方面。

第一，导入中国文化是加强英语学习的需要。语言是用于交流的符号系统，其本身也是一种文化现象。学习一门语言不仅仅是对这门语言进行认知，更重要的是学习、了解这门语言的相关文化。大学生是否接受西方文化，其实是各种因素影响的结果。比如对文化差异的感知度、自身的认知水平、知识结构以及对本民族文化的掌握等。因此，

在大学英语教学中，教师应始终坚持中西方文化相结合的原则。一方面，大学生了解中西方文化之间的共性可以更直观地理解英语国家的文化；另一方面，大学生了解中西方文化之间的差异有助于提高文化主体性和文化操守。

第二，导入中国文化是传播我国优秀文化的需要。语言是文化的载体，但语言并不是只能为某一种文化服务，语言可以是超文化或跨文化的载体。语言和文化互相影响，互相支撑，互相依赖，英语完全可以成为传播中国文化的有效载体。但目前，大学生在英语学习中接收的主要是西方文化，而对中国文化的输出仅停留在表面，无法在跨文化交际中握紧主动权，大学生在跨文化交际中因文化差异而被误解的现象仍屡见不鲜。通过在大学英语教学中增加对中国文化的导入，让学生学会如何消解中西方交流中的逆差，可以逐步提高中国文化在国际交流中的地位。

第三，导入中国文化是跨文化交际的需要。培养大学生的跨文化输出能力是目前大学英语教学的主要任务。在如今日益频繁的国际交流中，语言的交流实质上是文化的交流。在跨文化交流过程中，两种文化都应以促进文化和谐，尊重文化差异为原则，顺利完成文化输出的目标。所以，做到中西方文化同等重视，既重视对西方文化的学习与借鉴，又重视对中国文化的传承与发扬，可以增强大学生对中西方文化差异的宽容性，提高大学生跨文化输出的能力，促进跨文化英语教学改革。

三、大学英语教学中大学生文化输出能力培养路径

语言是为文化提供服务的，而文化输出是当今增强国家软实力，提高国家综合实力的重要手段之一，针对如今大学英语教学中存在的“中国文化失语”现象，大学英语课程不仅要教给学生语言知识和技能，还要导入中国文化，大力培养学生的中国文化输出能力，为我国的文化软实力建设培养生力军。大学英语可以从以下几个方面着手实践教学，提高大学生的文化认知和文化输出能力。

（一）增加中西方文化比较教学

中西方文化有着很大的差异性，加强中西方文化的比较能够加深大学生对中国文化的理解并促进其对西方文化的了解。刘正光曾说：“影响传递信息的各种语言的、非语言的文化因素，必须以外语学生的母语文化比较作为对象，只有通过两种文化的差异的比较，才能找到影响交际的各种文化因素。”所以，在增强中西方文化的比较中，理解中国文化是基础，包容西方文化是目的，如此才能有效地促进中西方文化的交流，无阻碍地完成相互借鉴的目标。实际上，在比较中西方文化时，谁都没有办法一气概括所有内容，因此应该有目的、有针对性地展开比较。对于大学生来说，他们对本民族文化和西方文化都有一定的了解，所以对二者的共同点比较熟悉，但通常缺少对二者独特性的了解。因此，中西方文化比较教学应坚持以下几个原则：

第一，从中西方文化的共同点到独特性，从表层文化到深层文化，有层级、有目的、逐步地提高中西方文化的对比强度。

第二，寓文化教学于语言教学之中，文化深度必须是合适的，文化深度应与大学生身处的学习阶段相符合。

第三，比较要以共识为基石，立足于现实世界。在教学中，通过中西方文化的比较，大学生可以提高文化敏感，也将逐渐具有文化交流意识以及本土文化保护和传播意识。

（二）导入中国文化

在目前的大学英语教学中，教师不能理所当然地认为学生只要学会了英语国家的文化，就具备了跨文化交际的能力。大学英语课程也是大学生学习和深入了解中国文化的重要途径，所以，在大学英语教学中，教师应该平衡好语言教学与文化教学的比重，在课堂上进行适度的文化导入，将中国文化融入语言教学，让大学生能更好地理解和吸收中国文化的精华，从而促进中国文化“走出去”。

1. 完善英语教材

教材是教学的基础和知识的载体，大学英语教材更是导入中国文化的载体。所以，在完善大学英语教材的内容时，教材编写者要注意中西方文化在教材中的平衡，可以提高关于中国文化的英语材料的占比，并且在对比中西方文化不同点的同时重视二者的有机融合。例如，教材中可以增加对我国传统风俗习惯、地域特色，以及特有的文化（如茶文化和戏曲文化）的介绍等。除此之外，大学英语教师还可以挑选一些名家的汉译英作品，或者介绍中国文化的英语读物推荐给学生。如此，学生不仅能够在课内学习中接触、了解中国文化，还可以在课外通过英语读物了解中西方文化的异同，通过对比中西方文化的差异，大学生可以吸收两种文化的精华，促进两种文化的交流。

2. 改进翻译教学

我国的大学英语教学一般将字、词、句的翻译作为教学重点，且翻译方向多为英语译为汉语。然而，全国大学英语等级考试的最新改革表现出翻译内容应该更注重将汉语翻译为英语的倾向，并且将之前的单句汉译英调整为段落汉译英。但由于我国许多大学的英语教学更重视介绍西方文化，所以大学生对中国文化的理解能力和表达能力不成正比，翻译汉语的文化内在意义非常困难。所以，在翻译教学中导入中国文化刻不容缓。

在大学英语教学中，教师向学生介绍中国典籍的英译本，如《论语》《孙子兵法》《诗经》《史记》等，并让学生试着翻译一些具有中国文化背景的文献，让学生逐步了解中国文化和英语国家文化的差异，培养其文化敏感性，加深学生对本国文化的理解，提高学生对中国文化的英语表达能力，进而提高学生中国文化的输出能力。

3. 精心设计作业

课堂讲解是传授知识的根本途径，课后练习是丰富知识的基本方式。教师应该通过精心设计课后作业，引导学生在课后学习语言的同时也自觉关注有关中国文化的内容。中国的饮食文化、服饰文化、影视文化是大学生感兴趣的话题。教师可以利用这些因素，逐步引导学生关注中国传统文化习俗和中国文学艺术。此外，教师还可以给学生提供文化交际情境，让学生扮演情境中的角色，完成所布置的交际任务。学生通过模拟情境实践，切身体会中国文化的魅力所在，感知中国文化的精髓所在，提高中国文化的英语表达能力和输出能力。

（三）建立平等的文化意识

文化平等是在大学英语教学中导入中国文化的重要条件。建立文化平等意识是解决东西方文化交流和文化传播问题的有效手段，是完成真正意义上的跨文化交际的保障。因此，大学英语教师在日常的教学中要在思想上树立学生的语言平等观和文化平等观。在充足掌握和吸取英语国家文化精华时，也要注意以“我”为重，大学生应该学会正确无误地使用所学英语知识去输出我国文化。此外，东西方文化的沟通应遵守互相尊重的原则，树立平等的文化意识，在平等的基础上将我国的民族文化传播至全世界。

1. 增加对中国特色文化的了解

每个国家、每个民族都有自身的文化特色和产物，这些文化特色和产物结合在一起，形成了一个国家、一个民族的文化标志。中国是具有悠久历史的大国，历史留存下的文化是整个中华民族的骄傲。大学英语教师在课堂上可以适度地将一些具有我国文化特点的历史以英语形式介绍给学生，并引导学生学习如何使用自己的语言优势，将象征着中国人民勤劳、睿智、创造力和想象力的文化向国外输出。

2. 把握中国传统文化的精华

如果不传承传统文化，文化的发扬和创新就无从谈起。随着社会的发展，学生接触、了解中国传统文化的方式不完全相同。所以，大学英语教师应该在课堂上对中西方文化实施比较，让学生明确地认识到中国传统文化的精华具有“道”和“德”的文化底蕴，中华文化的内核不只有“仁”和“礼”，还有对生命意义的尊敬，对人格尊严的维护，以及自强不息的精神和宽容并包的胸襟。我国的经典古诗词自古以来滋润着中国人的精神世界，建造着中华民族的心灵空间，为大众认知自我、认知世界提供了参照。因此，在大学英语课堂上，教师可以增加英译中华古诗词的授课内容，提高学生对中华文化的重视程度，引导学生领悟中华传统文化的精髓。

3. 培养学生正确的文化价值观

部分大学生对中华传统文化持否定态度，对西方文化却全盘接受。不融入世界，是肯定没有发展的，但只注重融入世界的共性，却不强调本民族文化的个性，是非常危险的。所以，大学英语课程必须利用文化教育培养大学生正确的文化心态和广阔的文化视域，培养正确的文化价值观。培养大学生正确的文化价值观要做到不否定中华文化与其他文化的共性，而是强调中华文化的特点及其对世界做出的贡献，如此，中华文化才能得以广泛传播。大学生有义务向全世界介绍和传播中华民族传统文化，让世界了解中国，让中国走向世界。在大学英语教学中导入中华文化，可以帮助大学生树立平等的文化意识，认识到文化传播的方式，这不仅可以增强我国大学生跨文化交际的能力，还能帮助我国在国际上树立形象，充实我国文化软实力，从而成功完成文化建设目标。

参考文献

[1]张学新.对分课堂：大学课堂教学改革的新探索[J].复旦教育论坛，2014(5):5-10.

[2]汪军，严晓球.近十年来国内大学英语大班教学研究综述[J].教育学术月刊，2011(11):105-106.

[3]杨淑萍，王德伟，张丽杰.对分课堂教学模式及其师生角色分析[J].辽宁师范大学学报（社会科学版），2015,38(5):653-658.

[4]张博雅.对分课堂：大学英语课堂教学改革的新思路[J].科学与财富，2015,7(12):803.

[5]柴霞.基于“对分课堂”的大学英语教学实践与反思[J].佳木斯职业学院学报，2016(6):310.

[6]谷陟云.罗杰斯的人本主义教育观及其启示[J].现代教育科学，2009(5):76-78.

[7]陈爱梅.人本主义学习理论及其对外语教学的启示[J].辽宁师范大学学报（社会科学版），2003,26(2):28-30.

[8]孙立伟，韩霞.对数字化教学资源建设的思考[J].新西部，2007(20):276-270.

[9]杜振华.英语资源服务器及网络语音室的安全管理与实践[J].中国科教创新导刊，2008(17):162.

[10]李建萍.分级教学背景下大学生英语词汇学习策略的调查与分析[J].黄山学院学报，2009,11(4):100-103.

[11]汤闻励.非英语专业大学生英语学习“动机缺失”研究分析[J].外语教学，2012(1):70-75.

[12]李艳，韩文静.孔子因材施教的教育思想简述[J].吉林省教育学院学报，2008(4):79.

[13]刘英爽.国际化背景下大学英语跨文化教育的瓶颈与转型趋势[J].教育评论，2016(7):115-117.

[14]王汉英，胡艳红，徐锦芬.美国康奈尔大学外语教学观察及思考[J].教育评论，2015(7):163-167.

[15]秦秀白，张凤春.综合教程3(学生用书)[M].上海：上海外语教育出版社，2014.

[16]王允庆，孙宏安.高效提问[M].北京：高等教育出版社，2016.

[17]赵周，李真，丘恩华.提问力[M].北京：电子工业出版社，2018.

[18]陈帅.大学英语修辞教学探析[J].湖北经济学院学报（人文社会科学版），2013,10(9):203-205.

[19]王涛.大学英语教学中英语修辞格的赏析[J].英语广场（下旬刊），2013(10):97-99.

[20]张红.浅谈英语教学中常见的修辞[J].教师，2015(31):70-71.